社会工作作为专业力量参与脱贫攻坚，
将专业队伍、专业方法、专业力量运用到脱贫攻坚的工作中，
发挥了不可替代的专业优势和人才优势，
提升了反贫困工作的专业性。

国家出版基金项目
NATIONAL PUBLICATION FOUNDATION

大国攻坚·反贫困社会工作丛书
丛书主编　向德平

扶志扶智视角下的反贫困社会工作研究

程　玲　著

華東理工大學出版社
EAST CHINA UNIVERSITY OF SCIENCE AND TECHNOLOGY PRESS
·上海·

图书在版编目(CIP)数据

扶志扶智视角下的反贫困社会工作研究 / 程玲著
. —上海：华东理工大学出版社，2021.12(2024.12 重印)
(大国攻坚·反贫困社会工作丛书 / 向德平主编)
ISBN 978-7-5628-6731-9

Ⅰ.①扶… Ⅱ.①程… Ⅲ.①扶贫—研究—中国
Ⅳ.①F126

中国版本图书馆 CIP 数据核字(2021)第 276846 号

内容提要

本书聚焦反贫困领域的核心议题——"扶志扶智"，梳理了社会工作参与"扶志扶智"的反贫困实践的理论脉络，分析了社会工作参与"扶志扶智"的反贫困实践的可行性，从理论视角、实践框架、工作方法和实践策略等维度对社会工作参与"扶志扶智"的反贫困实践进行了详细阐述。全书各章节环环相扣，既突出了反贫困实践中的关键问题，又体现了反贫困社会工作的特色。本书是系统阐述"扶志扶智"的反贫困社会工作理论与实践的专业书籍，适合广大社会工作者、扶贫工作者、社区工作者及对该领域感兴趣的其他读者阅读、参考。

策划编辑 / 刘　军
责任编辑 / 藕　园
装帧设计 / 王　翔
出版发行 / 华东理工大学出版社有限公司
地址：上海市梅陇路 130 号，200237
电话：021-64250306
网址：www.ecustpress.cn
邮箱：zongbianban@ecustpress.cn
印　　刷 / 上海中华商务联合印刷有限公司
开　　本 / 710 mm×1000 mm　1/16
印　　张 / 17.25
字　　数 / 192 千字
版　　次 / 2021 年 12 月第 1 版
印　　次 / 2024 年 12 月第 2 次
定　　价 / 88.00 元

本书是教育部人文社会科学研究规划基金项目“贫困人口内生动力培育的社会工作介入模式研究”(18YJA840002)的阶段性研究成果。

编委会名单

丛书总序

我国以脱贫攻坚为标志的国家级重大反贫困行动，于2020年年底取得了预期成果，绝对贫困总体上被消除。脱贫攻坚可以说是中国乃至世界反贫困史上的一件大事，值得书写一笔。社会工作作为一种专业力量参与其中，并发挥了重要作用，其实践和经验值得总结。由向德平教授主编的"大国攻坚·反贫困社会工作丛书"在这方面做了开创性的工作，值得我们称赞。

一、社会工作参与反贫困是一项重大的专业实践

（一）反贫困是社会工作的一项核心任务

社会工作自产生之日起，就与反贫困结下了不解之缘。不是社会工作"贪恋"反贫困，而是贫困给贫困群体带来了巨大的痛苦。社会工作作为一种以帮助困难群体缓解困难、追求社会公正与社会进步为己任的专业，理应把反贫困的责任放在自己的肩上。在世界社会工作反贫困历史上，发达国家的社会工作参与反贫困基本上是通过实施社会救助和社会慈善的方式进行的，并形成了社会工作的著名模式。第二次世界大战以后，发展中国家的反贫困主要面向农村展开，经济开发、社区发展成为其主要模式，20世纪50年代联合国倡导的社区发展原则正是社会工作参与反贫困所应遵循的。20世纪80年代以后出现的发展型社会工作，一方面与发展中国家的政府、社会工作者、发展工作者的实践有关，另一方面也受产生于发达国家的社会投资

等理论的影响。这些实践取得了一定的成绩,也为后来发展中国家的反贫困提供了借鉴和参照。

我国作为经济社会政策和发展项目的反贫困工作是从20世纪80年代中期开始的,最初是经济开发,接着是扶贫攻坚,主要是发展经济,由政府部门、国有大中型企业和贫困农户承担主要责任。2015年,我国开始实施脱贫攻坚工程,中央明确要求形成由专项扶贫、行业扶贫和社会扶贫互为补充的大扶贫格局,做到扶贫开发与经济社会发展相互促进,不但注重产业脱贫,而且加强教育等多层面脱贫;要求坚持群众主体,激发内生动力,注重扶贫扶智,增强贫困人口自我发展的能力,同时实施扶贫志愿者行动计划和社会工作专业人才服务贫困地区计划。这样,社会工作力量作为脱贫攻坚的有机组成部分,有了“特殊”的实践机会,也能够更有针对性地参与反贫困行动。2017年,《民政部 财政部 国务院扶贫办关于支持社会工作专业力量参与脱贫攻坚的指导意见》(以下简称《意见》)要求中国社会工作教育协会发挥推动作用,进行教育扶贫。同时,我国开始实施社会工作服务机构“牵手计划”,从发达地区选择专业性强的社会工作服务机构,与贫困地区社会工作服务机构等进行结对。社会工作教育界积极响应政府部门的号召,组织、动员和支持各社会工作院系参与这一具有历史意义的反贫困行动。各类群体参与脱贫攻坚成为中国社会工作重建以来,规模最大、时间较长、有组织、有目标要求的集体性行动。

(二)社会工作参与脱贫攻坚取得了积极成果

按照民政部等部门的《意见》,中国社会工作教育协会参与脱贫攻坚是教育扶贫,其主要任务如下:高校社会工作专业院系要与贫困地区合作建立社会工作专业培训、教师实践和学生实习实训基地，帮助贫困地区培养社会工作专业人才；高校社会工作专业教师到贫困地区开展专业督导，引导社会工作专业在校生到贫困地区进行社会实践；支持鼓励社会工作专业毕业生到贫困地区就业。在中国社会工作教育协会的组织动员下，各社会工作院系秉持专业精神、发挥主观能动性，组织师生、链接资源、深入贫困地区，开展了多项服务，较好地完成了《意见》提出的任务，并尽己所能地为贫困地区的居民做贡献，在脱贫攻坚中取得了不少开创性成果。社会工作教育界支持了贫困地区的脱贫工作，促进了贫困地区社会工作人才和专业力量的发展，也获得了参与反贫困的直接经验，使我们感受到了当地干部群众和派驻的扶贫干部在反贫困中表现出来的坚韧不拔的精神。同时，参与脱贫攻坚也成为各社会工作院系坚持理论联系实际、开展实践教学、在实践中培养学生、在比较中进行研究的重要场域，因而参与者的收获是丰硕的。

对于参与脱贫攻坚，中国社会工作教育协会领导班子给予了高度重视，设计行动计划、动员组织力量，推动了整个工作向前发展。中国社会工作教育协会还建立了反贫困社会工作专业委员会，在贯彻落实协会的总体部署、推动整个活动发展方面发挥了积极作用。作为反贫困社会工作专业委员会的负责人，向德平教授和他主持的反贫困研究机构积极配合、主动工作，有力地推动了中国社会工作教育协会工作的开展。

二、社会工作界参与反贫困是理论与实践比较、互动和提升的过程

（一）社会工作教育界参与反贫困是理论与服务实践的互动过程

社会工作教育界参与反贫困的特点是，一批批具有深厚社会工作理论

与知识积累的高校教师和研究生、高年级本科生开展实践活动，这同时也是他们走出课堂和校门开展社会工作服务的过程。在一定意义上，它是理论指导实践的过程，也是实践检验书本知识和理论的过程。反贫困工作是在自然环境复杂、文化传统多样的贫困地区展开的，社会文化因素深深地影响着反贫困行动的开展。在上述经济、政治、社会、文化背景下开展的反贫困，必然比书本上介绍的复杂得多。社会工作界参与反贫困，必然会遇到上述复杂因素的影响，会遇到许多亟待解决的“中国式”问题。这是一个不断比较、选择、实践和反思的过程。对社会工作教育界来说，这是一系列挑战，也是在克服困难中不断成长的过程。

（二）书写经验是反贫困理论和实践成果的延伸

社会工作者的基本品格是奉献和共享发展成果，同时社会工作教育界又有改进教育、传播知识、贡献社会的责任。从这个角度来说，将参与反贫困的经验和思考写出来，是十分有意义的事情。向德平教授主编的这套书正是此种努力的体现。该丛书组织了国内社会工作界 20 多位专家学者，基于社会工作实践，总结反贫困的相关模式和经验，生产社会工作知识，价值显而易见。

该丛书以实践为基础，兼顾了反贫困知识和实践的完整性。它是多视角、全方位和具有整体性的。其主要视角包括社区为本视角、抗逆力视角、内生动力视角、资产建设视角、金融服务视角、可行能力建设视角、赋权视角、贫困治理视角、心理弹性和生涯辅导视角等。它关注的服务对象主要包括儿童、老年、妇女、残疾人及西部农村中的弱势群体。该丛书既介绍既有的社会工作理论，也介绍中国特色的社会工作实践。基于本土实践，它介绍了社会工作参与反贫困模式的多样化和经验的多元化，反映了中国反贫困的经验及社会工作参与反贫困的机制，阐明了专业社会工作是如何发挥专业优势、实现服务效能的。

该丛书也是系列教材，体现了从理论到实践、从实践到知识的转化过程。这里包含了对反贫困知识和理论的选择，包括在实践中对社会工作知识的运用和反思，也包括基于实践的知识建构，还包括不同类型和不同层次的建议。该丛书内容丰富，有借鉴、有创新，可指导实践，也为反贫困研究提供了参考框架，是反贫困领域的学术力作，是社会工作本土化的重要成果。

三、在乡村振兴中更好地运用和发展社会工作参与反贫困的经验

到2020年年底，我国在总体上消灭了绝对贫困，但是相对贫困还会长期存在。中国共产党第十九届中央委员会第五次全体会议提出“实现巩固拓展脱贫攻坚成果同乡村振兴有效衔接”，我国巩固脱贫成果和反贫困的任务依然是十分繁重的。在走向乡村振兴、实现共同富裕的进程中，已经取得的反贫困经验在一定程度上依然有效，这与相对贫困现象在地域、群体、经济状况、社会生态和文化上的连续性密切相关。当然，相对贫困也有自身的特点，贫困群体有了以往反贫困的经验，有了相对好的经济基础和社会生活条件，他们摆脱贫困的内在动力和能力也有所增强。但是我们也要看到，在新的国际国内形势下，面对不断加剧的市场化竞争，相对贫困群体的生存压力不会减少，反贫困的发展性要求会更加突出。我国已经进入社会主义现代化建设的新阶段，要贯彻新的发展理念，构建以国内大循环为主体、国内国

际双循环相互促进的新发展格局，其中乡村全面振兴、遏制返贫现象发生、实现共同富裕任务艰巨。在这种背景下，社会工作者在参与脱贫攻坚中获得的经验仍然有重要的参考价值。我们也期待社会工作者群体在参与乡村振兴和解决相对贫困问题方面取得新的成果。

把论文写在祖国大地上，中国社会工作教育界以自己的实际行动在认真践行。

王思斌
北京大学社会学系

主　编　序

打赢脱贫攻坚战，是实现中华民族伟大复兴的底线要求，是贫困地区与全国一起全面建成小康社会的关键之举，是实现国家长治久安的重要保障。

我国扶贫开发进入精准扶贫、精准脱贫的新阶段。精准扶贫战略贵在精准，精准与专业具有同构性，只有调动专业的力量参与精准扶贫，才能进一步提升精准识别、精准帮扶、精准管理的精准度，才能更专业地解决贫困人口在脱贫过程中的个性问题与发展问题。社会工作参与脱贫攻坚具有重要的意义，在反贫困工作中扮演着重要的角色。

社会工作作为专业力量参与脱贫攻坚，将专业队伍、专业方法、专业力量运用到脱贫攻坚的工作中，发挥了不可替代的专业优势和人才优势，提升了反贫困工作的专业性。事实上，社会工作起源于贫民救济或慈善事业，其发展的历史就是人们与贫困做斗争的历史。社会工作的专业方法、理念正是人们在与贫困及相关社会问题做斗争的实践中逐步形成和发展起来的，因此，社会工作参与脱贫攻坚具有深厚的历史基础和重大的现实意义。社会工作参与脱贫攻坚是社会扶贫的重要组成部分。作为精准扶贫的专业力量，社会工作通过需求评估，精准识别贫困人口及其致贫原因；通过资源整合，动员与协调各方扶贫力量和扶贫资源；通过提升扶贫对象的能力，激发和提升扶贫对象的内生动力和可行能力。社会工作参与脱贫攻坚，有助于提高反贫困工作的精准性和可持续性，实现由“输血型”扶贫向“造血型”扶贫、救助型扶贫向发展型扶贫的转变。

党中央、国务院十分重视社会工作专业人才服务贫困地区的工作,《中共中央 国务院关于打赢脱贫攻坚战的决定》(中发〔2015〕34号)、《中华人民共和国国民经济和社会发展第十三个五年规划纲要》和《国务院关于印发"十三五"脱贫攻坚规划的通知》(国发〔2016〕64号)对实施社会工作专业人才服务贫困地区计划、支持专业社会工作和志愿服务力量参与脱贫攻坚提出了明确的要求。为贯彻落实党中央、国务院的决策部署,支持社会工作专业力量参与脱贫攻坚工作,《民政部 财政部 国务院扶贫办关于支持社会工作专业力量参与脱贫攻坚的指导意见》发布,民政部办公厅、国务院扶贫办综合司出台了《社会工作教育对口扶贫计划实施方案》。

为落实《民政部 财政部 国务院扶贫办关于支持社会工作专业力量参与脱贫攻坚的指导意见》的精神,贯彻实施民政部、国务院扶贫办联合制定的《社会工作教育对口扶贫计划实施方案》,深入推进教育扶贫工作,全国社会工作专业学位研究生教育指导委员会和中国社会工作教育协会积极实施"社会工作教育对口扶贫计划",组织全国200多所高校参与社会工作教育对口扶贫工作。在反贫困社会工作实践中,社会工作教育和实践工作者积极探索,积累了较丰富的实务经验,总结了一批典型案例,产出了一系列理论成果。本丛书是中国社会工作参与反贫困成果的系统呈现。

2019年3月16日,中国社会工作教育协会反贫困社会工作专业委员会与华东理工大学出版社在武汉举行"大国攻坚·反贫困社会工作丛书"启动仪式。来自十几所高校的20余名作者代表参加了会议。会议研讨、确定了本套丛书的写作框架和主要内容。

本丛书是在全国社会工作专业学位研究生教育指导委员会、中国社会工作教育协会的指导下，由中国社会工作教育协会反贫困社会工作专业委员会具体组织完成的。王思斌教授、阮曾媛琪教授、谢立中教授、蔡禾教授、关信平教授、马凤芝教授、彭华民教授全力支持反贫困社会工作专业委员会的工作，指导本丛书的编写。

中国社会工作教育协会前任会长徐永祥教授高度重视本丛书的编写工作，为丛书的编写和出版提供了巨大的支持。本丛书寄托了全体社会工作同仁对徐永祥教授的深沉怀念！

感谢所有关心、支持本丛书的专家和同仁！

向德平
华中科技大学社会学系

目　录

CONTENTS

第一章 “扶志扶智”：反贫困领域的关键议题

第一节 “扶志扶智”提出的背景

一、扶贫开发进入新阶段

贫困问题一直是一个世界性的难题。消除贫困、逐步实现共同富裕，是中华民族为之奋斗的目标，也是全人类的共同愿景。中华人民共和国成立伊始，我国农村普遍处于贫困的状态之中。1957 年至 1978 年，农民人均纯收入年增长为 2.81 元，1978 年农村人均纯收入仅为 133.57 元。[①] 在此背景下，我国拉开了与贫困斗争的序幕。1949 年至今，通过体制改革、组织机构设立、宏观政策和专项扶贫政策的出台，以及精准扶贫工作机制的完善，我国扶贫开发工作取得了重大成就，贫困人口数量大幅减少、贫困群体的生活水平逐步提高，贫困地区的面貌得到根本性改变。我国扶贫开发经历了体

① 赵曦：《1978～1998：中国向贫困挑战——三中全会以来中国反贫困的历程、模式与经验》，载《贵州财经大学学报》1999 年第 2 期。

制改革扶贫、开发式扶贫、“八七”扶贫攻坚、综合式扶贫开发及全面建成小康社会的精准扶贫等阶段。

（一）由体制改革推动的扶贫阶段(1978—1985 年)

根据当时政府确定的贫困标准(100 元)计算，1978 年我国贫困人口达 2.5 亿，贫困发生率为 30.7%。①② 究其根源，农村贫困普遍发生的原因是生产力低下，而限制生产力发展的根本原因又在于体制机制的落后。农村落后的经济体制不能适应生产力发展的需要，制约了农村经济的发展。为了从根本上解决农村的贫困问题，政府通过体制改革解放生产力、发展生产力，进而加快恢复和推进农村经济社会的发展，提高农民的生活水平。这一阶段的体制改革主要集中在对农村土地经营制度、市场制度和就业制度的改革三个方面。

1978 年中国共产党第十一届中央委员会第三次全体会议审议通过的《中共中央关于加快农业发展若干问题的决定(草案)》，明确提出我国存在大规模的贫困现象③，由此拉开了农村经济体制改革的序幕，也开启了我国扶贫开发的篇章。一是农村土地经营制度的改革。我国从农村土地经营制度入手，以家庭联产承包责任制取代人民公社的集体经营制，虽然在家庭联产承包责任制下农村土地所有权仍归集体所有，但农民享有土地经营的自主权。农村土地经营制度的改革极大地激发了农民劳动的积极性，极大地

① 向德平、华汛子：《改革开放四十年中国贫困治理的历程、经验与前瞻》，载《新疆师范大学学报(哲学社会科学版)》2019 年第 2 期。

② 国务院新闻办公室：《中国的农村扶贫开发》，载《人民日报》(第 5 版)2001 年 10 月 16 日。

③ 范小建：《中国农村扶贫开发纲要(2011—2020 年)干部辅导读本》，中国财政经济出版社 2012 年版，第 20 页。

解放了生产力，提高了土地生产的效率，促进了农村经济的迅速发展。二是市场制度的改革。我国建立起以市场化为取向的农产品交易制度，提高了部分谷物、经济作物和肉类的定购价格，制定了对谷物和油料作物的超购奖励制度，大大提高了农民的收入。三是就业制度的改革。中央各部委相继制定了一系列扶持乡镇企业发展的措施，如农业部①、财政部、建材部②等有关部门从财政、税收、信贷、原材料等方面制定了一系列的规定和办法③，推动了农村第二和第三产业的发展，为农民就业提供了许多岗位。伴随着农村经济的发展、市场机制的逐步发育和农村产业结构的合理调整，我国农村开始打破自给自足的小农经济格局，单一的以种植业为特征的农业生产结构迅速被突破。在这种背景下，农村劳动力人口输出的限制得以放宽，部分农民从传统的第一产业(农业生产)转向了第二和第三产业。

总的来说，这一时期的体制改革提高了农产品价格、调整了农村产业结构、推动了农村劳动力在非农领域的就业，此举措将收益输送到农民手中，增加了农民的收入，进而促进了农村经济社会的发展。

与此同时，我国也采取了一些有针对性的扶贫措施，开始尝试在地理位置偏远，自然环境恶劣的“老、少、边、穷”地区开展区域性扶贫工作，即聚焦贫困人口较多的贫困地区，以区域发展为主，依靠贫困区域的整体发展带动贫困人口个体脱贫。比如，为了支持“老、少、边、穷”地区的经济发展，1980

① 农业部是主管农业与农村经济发展的国务院组成部门，2018 年 3 月，根据第十三届全国人民代表大会第一次会议批准的国务院机构改革方案，将农业部职责整合，组建中华人民共和国农业农村部。

② 建材部是指建筑材料工业部，于 1982 年并于国家经济委员会。

③ 程承坪、邹迪：《新中国 70 年扶贫历程、特色、意义与挑战》，载《当代经济管理》2019 年第 9 期。

年中央财政专门设立了“支援经济不发达地区发展资金”的专项资金，专门用于扶持贫困地区经济、文化和社会事业的发展。1982 年，国务院实施了第一个全国大规模农业区域性扶贫开发建设重点项目——对以甘肃省定西市为代表的甘肃省中部干旱地区、河西走廊地区及宁夏回族自治区西海固地区（简称“三西”地区）实施综合经济开发①，这是我国扶贫开发早期的尝试和探索。1984 年，国家计划委员会②实施“以工代赈”的扶贫计划。面对农村经济发展不平衡，群众温饱问题尚未完全解决的状况，中共中央、国务院发出《关于帮助贫困地区尽快改变面貌的通知》，明确了我国扶贫的指导思想、制定了贫困地区的优惠政策，集中力量来解决 18 个连片贫困地区的贫困问题。由此，我国拉开了体制改革推动下扶贫开发工作的序幕。这一阶段的尝试和探索也为下一阶段大规模扶贫开发积累了宝贵的经验。

（二）大规模开发式扶贫阶段（1986—1993 年）

在各类经济体制改革的推动下，农村社会的经济活力被激发出来，经济社会的发展由此进入快车道。但仍有少数地区，由于经济、社会、历史、自然、地理等因素的制约，发展相对滞后，区域性贫困问题没有得到根本缓解。同时，20 世纪 80 年代中期，受城乡贸易条件的恶化和农产品价格下跌的影响，制度改革带来的经济活力逐步耗尽，贫困问题进一步凸显。为有效地开展扶贫开发工作，我国对扶贫工作做出了一系列重大部署，通过大规模、有计划的扶贫开发与宏观经济政策相结合的方式来缓解农村贫困

① 程承坪、邹迪：《新中国 70 年扶贫历程、特色、意义与挑战》，载《当代经济管理》2019 年第 9 期。

② “国家计划委员会”曾是主管国民经济规划和市场宏观管理的国务院原有组成部门之一，为“中华人民共和国国家发展和改革委员会”的前身。

问题。

第一，我国成立了专门的扶贫工作机构。1986年，国务院办公厅成立了国务院贫困地区经济开发领导小组与国务院扶贫开发领导小组[①]，负责组织、领导、协调、监督、检查全国各地的扶贫开发工作，由此我国形成了比较完整的扶贫组织体系。政府领导下的扶贫机构确定了扶持标准、安排了专项资金、制定了优惠政策，开发式扶贫模式由此形成。自此，我国农村扶贫开发进入有计划、有组织、大规模的发展阶段。

第二，我国在扶贫实践的推进进程中，明确了扶贫开发的对象。1986年至1989年间，我国第一次确定了贫困县的划分标准，在全国范围内划定了331个国家重点扶持的贫困县，同时根据各省、自治区、直辖市的实际情况确定了370个省、自治区、直辖市需要重点扶持的贫困县[②③]，这就使得扶贫工作有了明确而具体的对象。

第三，我国政府相关部门制定了扶贫开发的专项政策和措施来指导扶贫工作的开展。专项政策包括财政转移支付政策、财税优惠政策和扶贫贴息政策等。比如，资料显示，在政府安排的扶贫专项资金中，1985年至1993年，中央财政安排扶贫资金累计201.27亿元，年均增长16.91%；政府倡导实施减免农业税、放开农产品销售价格等举措。专项扶贫措施包括科技扶贫、社会扶贫等。此外，政府还广泛动员国家机关工作人员和社会

① 国务院扶贫开发领导小组于2021年正式更名为国家乡村振兴局，下文出现原名将不再重复注释。

② 段洪波、张洪硕：《改革开放40年扶贫开发历程与经验》，载《河北大学学报（哲学社会科学版）》2019年第2期。

③ 向德平、华汛子：《改革开放四十年中国贫困治理的历程、经验与前瞻》，载《新疆师范大学学报（哲学社会科学版）》2019年第2期。

各界人士积极开展扶贫帮困工作，重点帮助一些贫困地区开展脱贫工作。①

整体而言，这一阶段的扶贫工作实现了由区域到县域的转变，扶贫任务更加明确，扶贫对象更加精准，扶贫效率进一步提升，农村经济发展活力也得以进一步激发。截至1993年年底，我国农村贫困人口由1.25亿人减少到8 000万人，贫困人口占农村总人口的比重从14.8%下降到8.7%。②

（三）“八七”扶贫攻坚阶段（1994—2000年）

随着农村改革的深入发展和国家扶贫开发力度的不断加大，我国农村的贫困由集中连片性贫困向地区性贫困逐步转变，而出现这一现象的原因主要是一些农村地区的自然条件恶劣、基础设施薄弱、生产力落后等。鉴于我国农村贫困的特征，1994年4月，国务院制定和发布《国家八七扶贫攻坚计划》，此计划针对生产生活条件恶劣的农村贫困地区，集中人力、物力、财力，动员社会各界力量进行集中帮扶，以实现到2000年年底基本解决农村贫困人口的温饱问题的目标。自此，我国扶贫开发步入攻坚阶段。

第一，加大资源投入，综合运用多元化帮扶措施。1994年至2000年，政府不断加大扶贫资金的投入，扶贫资金的金额由1994年的97.85亿元上升至2000年的248.15亿元，累计金额为1 127亿元，此阶段的扶贫资金相较

① 赵曦：《1978～1998：中国向贫困挑战——三中全会以来中国反贫困的历程、模式与经验》，载《贵州财经大学学报》1999年第2期。

② 国务院新闻办公室：《中国的农村扶贫开发》，载《人民日报》（第5版）2001年10月16日。

于大规模开发式扶贫阶段增长了约3倍。[①] 同时，政策倡导扶贫资源向国家级贫困县重点倾斜。除此之外，政府还推动实施了科教扶贫、劳务输出、生态移民、产业发展等多元化的扶贫措施，以改善贫困地区的贫困状况。2000年年底，我国贫困县农民人均纯收入较1993年增长了173.1%，农村绝对贫困人口数量下降到3 209万人，贫困发生率降低到3.4%。[②]

第二，我国调整了贫困县的划分标准，出台了扶贫资金的管理办法。随着我国经济社会的不断发展，我国对贫困的界定标准也发生了一定的变化。1994年，我国实施《国家八七扶贫攻坚计划》，将贫困县的界定标准调整为400元，即将年人均纯收入低于400元的县全部纳入贫困县。按此标准调整后，我国国家级贫困县增加至592个。此外，为了提高扶贫资金的使用效益，尽快解决贫困人口的温饱问题，1997年国务院办公厅发布《国家扶贫资金管理办法》，明确规定了国家扶贫资金的受益对象、资助内容、各级地方政府配套比例及管理办法。

第三，建立了东西部扶贫协作机制，推动了定点扶贫工作的开展。1996年，《中共中央 国务院关于尽快解决农村贫困人口温饱问题的决定》的发布，标志着我国东西部协作扶贫工作正式启动。

第四，鼓励社会力量参与扶贫服务，促进社会扶贫事业的发展。比如，中央和地方党政机关及有条件的事业单位、各民主党派、工商联、共青团、妇联、中国扶贫基金会、高校等扶贫力量基于各自的专业优势，广泛参与扶贫

---

① 黄承伟：《中国扶贫开发道路研究：评述与展望》，载《中国农业大学学报(社会科学版)》2016年第5期。

② 同上。

开发服务，为解决贫困人口的温饱问题、帮助贫困人口脱贫致富而努力。同时，在我国政府及各界力量的推动下，一些国际组织也加入我国的扶贫事业中，成为我国扶贫事业的补充力量。1995 年至 2000 年，国际组织在我国扶贫事业中共投入了超过 55 亿元人民币的资金，在一定程度上弥补了我国扶贫资金的不足。①②

第五，调整了扶贫的重点对象。在“八七”扶贫攻坚阶段，我国农村贫困由区域性分布转变为点状性分布，贫困人口逐渐由县级区域向村级区域集中。基于此，我国开始调整扶贫工作的重点对象。1999 年，《中共中央 国务院关于进一步加强扶贫开发工作的决定》强调扶贫工作必须落实到村、落实到户。开展扶贫工作的单位由县转变为村。这为下一阶段的精准式扶贫奠定了基础。

“八七”扶贫攻坚在解决贫困人口温饱问题的基础上进一步稳定和促进了贫困地区的经济发展。在此阶段，扶贫服务中的资源分配方式进一步优化，逐步从以单一资金的平均分配方式转变为以知识、技能、资金等多种资源相结合的综合分配方式。至 2000 年年底，《国家八七扶贫攻坚计划》的战略目标基本实现。

（四）综合扶贫开发阶段（2001—2010 年）

进入 21 世纪，我国大规模、绝对贫困的现象基本消除。我国贫困呈现出“大分散、小集中”的特点，相对贫困的特征逐渐凸显，致贫原因也更加多元。面对我国贫困的新变化，既有的扶贫措施已很难有效应对贫困问题，

① 唐丽霞：《中国对国际减贫经验的借鉴》，载《团结》2016 年第 4 期。
② 程承坪、邹迪：《新中国 70 年扶贫历程、特色、意义与挑战》，载《当代经济管理》2019 年第 9 期。

亟须新的扶贫措施来应对新情况、新任务。2001 年，国务院颁布的《中国农村扶贫开发纲要（2001—2010 年）》指出，坚持综合开发、全面发展和可持续发展，把扶贫开发纳入国民经济和社会发展计划，促进贫困地区经济、社会的协调发展和全面进步。这标志着我国进入综合扶贫开发阶段。

这一时期国家出台了一系列宏观政策来推动我国农村扶贫开发工作的进展。一是提出全面建设小康社会的目标。2002 年，在中国共产党第十六次全国代表大会上，时任中共中央总书记江泽民代表第十五届中央委员会作题为《全面建设小康社会，开创中国特色社会主义事业新局面》的报告，确定了全面建设小康社会的奋斗目标——全面建设惠及十几亿人口的更高水平的小康社会。全面建成小康社会要求消除农村贫困。如此，农村贫困问题成为全面建成小康社会的难点之一，农村地区及其人口成为全面建设小康社会的重点。全面建设小康社会的奋斗目标推动了扶贫开发工作向纵深拓展。二是采取扶贫开发与社会保障相结合的“两轮驱动”式扶贫方式，将开发式扶贫方针与最低生活保障制度有效衔接。三是西部大开发战略、义务教育阶段免费教育、全面取消农业税及建设社会主义新农村等政策都对农村的扶贫开发工作起到了推动作用。

在专项扶贫方面，我国的扶贫措施以整村推进为主体，重点推动产业发展，实施定点帮扶、对口帮扶和社会帮扶，进一步推进贫困地区劳动力转移培训和各项社会事业的发展。

第一，实施整村推进战略。这一阶段，我国扶贫开发工作以村级瞄准为重点，以增加贫困人口的收入为核心，采用整村推进的参与式扶贫方式，完善基础设施、发展社会事业、改善贫困人口的生产和生活条件，以提升贫困人口的综合素质和可持续发展能力。此阶段政府以贫困村为基本单位，将 14.8 万个贫困村作为重点扶贫对象，通过参与式村级规划和综合性的扶贫投入，着力改善农村的基本生产和生活条件，实现贫困人口的增收。

第二，积极推进产业扶贫。产业扶贫是一种内生的发展机制，可以激活贫困人口的发展动力，阻断其因个人懒惰、缺乏技能等因素导致的贫困。我国采取了以政策为指引、以市场为导向的产业扶贫方式。各地坚持因地制宜的原则，大力发展特色扶贫产业；培育当地的龙头企业，以龙头企业带动、壮大村级集体经济；发挥贫困人口的主体性作用，增加贫困人口及贫困地区的内生动力。

第三，扎实推进“雨露计划”。“雨露计划”是为进一步提高贫困人口素质，推动贫困劳动力转移的重要扶贫策略。2007 年 3 月，国务院扶贫开发领导小组办公室（以下简称“国务院扶贫办”）发布《关于在贫困地区实施“雨露计划”的意见》。“雨露计划”以职业教育、创业培训及农业实用技术培训为手段，帮助贫困地区的青壮年贫困人口解决就业、创业中遇到的实际困难，使贫困人口顺利实现创业和就业，达到增收的目的。“雨露计划”在提升贫困人口劳动力素质、发展其职业技能、促进其就业和增收、阻断贫困代际传递等方面，发挥着不可替代的作用。

第四，实施民生扶贫。我国贫困地区民生事业较为薄弱，因此需要大力实施民生扶贫，进一步完善医疗、教育及社会保障事业。比如，在推动教育事业发展上，加大对农村义务教育的支持力度，改善义务教育的办学条件；在推动医疗事业发展上，进一步完善新型农村合作医疗制度，为贫困人口的健康水平提供保障；在推动社会保障事业发展上，进一步完善农村最低生活保障制度，提高农村贫困人口的最低生活保障水平。

这一阶段的扶贫实行资源村级瞄准机制，直接将资源向贫困户倾斜，使贫困户的生产生活条件大幅改善、生产生活资料大幅增加，多数贫困户的收入水平也得到大幅提升。在此情况下，我国的贫困线标准发生了变化，全国农村贫困线标准由 2000 年的 865 元提高到 2010 年的 1 274 元。以新的贫困线标准测算，全国农村贫困人口数量由 2001 年的 9 422 万人下降到 2010 年的 2 688 万人，农村贫困发生率从 2000 年的 10.2％下降到 2010 年的 2.8％。

（五）决胜全面小康社会的脱贫攻坚阶段（2011—2020 年）

随着我国综合国力的不断增强、社会保障水平的不断提高，我国扶贫开发的目标也发生了转变。2011 年 12 月 1 日，中共中央、国务院印发了《中国农村扶贫开发纲要（2011—2020 年）》，对我国 2011—2020 年的扶贫工作提出了更加系统的战略规划。该纲要指出，我国扶贫开发已经从以解决温饱为主要任务的阶段转入巩固温饱成果、加快脱贫致富、改善生态环境、提高发展能力、缩小发展差距的新阶段。随后，中国共产党第十八次全国代表大会（以下简称“中共十八大”）的报告正式提出在 2020 年全面建成小康社会的宏伟目标，并明确指出，要加大贫困地区的扶持力度，提升城乡最低生活保障标准与农村扶贫标准，加大改善民生力度，扩大城乡持续就业，使居民收入加快增长、贫困人口大幅减少。2015 年 12 月，《中共中央 国务院关于打赢脱贫攻坚战的决定》发布，该决定明确指出，确保我国现行标准下农村贫困人口实现脱贫，贫困县全部摘帽，解决区域性整体贫困。自此，我国扶贫开发工作进入决胜全面小康社会的攻坚阶段。

2011年以来，我国扶贫呈现“精准扶贫、精准脱贫”的鲜明特点，扶贫工作全方位精准推进，扶贫方式由“大水漫灌”转变为“精准滴灌”。在这一阶段，我国建立了较为完善的精准扶贫工作机制，对贫困村、贫困户建档立卡，实行动态管理；有效提高了扶贫工作的成效；广泛动员全社会力量参与扶贫，支持和鼓励全社会采取灵活多样的形式参与扶贫，形成政府力量与社会力量合力消除贫困的良好局面。从2014年开始，我国将每年的10月17日定为“扶贫日”，这是广泛动员社会力量参与扶贫的一项重大举措。与此同时，我国还注重扶贫同“扶志”与“扶智”相结合，以激发贫困人口脱贫的积极性和主动性。贫困人口要想彻底摆脱贫困，就必须提高自身的思想、政治及科学文化素质。对此，党和政府尤其要注重发展贫困地区的教育事业，力求为贫困地区提供更加良好的教育资源，以预防贫困的代际传递。除此之外，中共十八大以来的精准扶贫呈现出多样化的特征，电商扶贫、旅游扶贫等新型扶贫方式在扶贫工作中发挥着重要的作用。在党中央的部署、全社会的共同参与下，我国逐渐形成了专项扶贫、行业扶贫和社会扶贫有机结合的、“三位一体”的扶贫新格局。①

这一阶段是自中华人民共和国成立以来扶贫改革创新力度最大的时期，也是扶贫成效最好的时期。2011年，党中央决定将农民年人均纯收入2 300元作为新的国家贫困线标准。按照此标准，2011年年底我国贫困人口为1.28亿人。截至2020年年底，我国9 899万农村贫困人口全部脱贫，832

① 王玉福、闫艳：《改革开放40年扶贫开发：历程·成就·经验》，载《理论导刊》2018年第11期。

个贫困县全部摘帽，12.8 万个贫困村全部脱贫，区域性整体贫困得到解决，完成了消除绝对贫困的艰巨任务。这一阶段，在党中央和国务院的正确领导下，我国扶贫工作取得了举世瞩目的成就。

从我国扶贫开发的历程来看，脱贫攻坚阶段的扶贫开发进入攻城拔寨、打通“最后一公里”的攻坚阶段。这一阶段的扶贫开发呈现新的特征。一是扶贫开发思路的转变。扶贫开发不仅关注贫困人口的生存问题，还注重为贫困人口提供公平发展的机会；不仅关注其生存问题，解决其当下的困难，还关注、谋划其未来的发展。如此，扶贫开发的目标也由追求量的脱贫到追求质的脱贫，不仅关注贫困人口是否脱贫，还关注贫困人口脱贫后的持续增收及可持续的生计发展。二是扶贫战略的调整。我国扶贫进入救助式扶贫与开发式扶贫相结合的新阶段，救助式扶贫保障贫困人口的最低生活标准，开发式扶贫促进贫困人口的内生发展。此种扶贫模式对丧失劳动能力的特困人口，坚持救助式扶贫，保障其基本生活；对具有劳动能力和开发潜力的贫困人口，坚持开发式扶贫，提高其综合素质、增加其经济收入。三是扶贫任务的转变。后 2000 年阶段我国扶贫任务已经从解决贫困人口的温饱问题转向脱贫致富，更加注重解决贫困地区的相对贫困问题和贫困人口的可持续生计问题。

脱贫摘帽不是终点，而是新的起点。2020 年后我国的扶贫开发进入巩固拓展脱贫攻坚成果同乡村振兴相衔接的新阶段。新阶段将巩固脱贫成效、增强脱贫人口持续增收的能力作为防止返贫的重要指导思想，着力巩固脱贫攻坚成果，扎实推进乡村振兴，持续促进脱贫地区的发展和群众生活的改善。无论是改善群众生活，还是促进脱贫地区的可持续发展，都需要调动群众，特别是脱贫人口发展的主动性和积极性。可见，“扶志扶智”是反贫困工作中的重要一环。

二、脱贫攻坚提出新要求

随着扶贫工作的不断深入，我国进入了脱贫攻坚的关键期。从扶贫开发到脱贫攻坚，扶贫难度越来越大，扶贫任务越来越艰巨。脱贫攻坚要求参与扶贫工作的各方力量转变扶贫方式，对贫困地区和贫困人口的扶持由传统的“输血式”扶贫向“造血式”扶贫转变，由外援式扶贫向内源性发展转变，以增强贫困地区和贫困人口的内生动力，确保扶贫成效的可持续性。2017年10月18日，中国共产党第十九次全国代表大会（以下简称“中共十九大”）报告明确指出：“坚持大扶贫格局，注重扶贫同扶志、扶智相结合。”2018年中央一号文件指出：“把扶贫同扶志、扶智结合起来……引导贫困群众克服‘等、靠、要’思想，逐步消除精神贫困……更多采用生产奖补、劳务补助、以工代赈等机制，推动贫困群众通过自己的辛勤劳动脱贫致富。”2018年6月发布的《中共中央 国务院关于打赢脱贫攻坚战三年行动的指导意见》再次强调，坚持扶贫同扶志、扶智相结合。贫困人口既是扶贫工作的帮扶对象，又是脱贫致富的主体，激发贫困人口的内生脱贫致富动力和自我发展能力是打赢脱贫攻坚战的关键。因此，脱贫攻坚要探索研究与“扶志扶智”相结合的新路径，激发贫困人口的内生动力，提升贫困人口的发展能力，这对防止返贫、阻断贫困的代际传递和巩固脱贫成果具有重大意义。

（一）脱贫攻坚需要强大的思想动力

思想决定行动，思想是行动的先导和动力。贫困人口对美好生活的向往与他们所具有的生产生活智慧，是其脱贫的重要动力。习近平总书记指出："摆脱贫困首要并不是摆脱物质的贫困，而是摆脱意识和思路的贫困。"①既往的扶贫措施较为侧重对贫困人口物质方面的扶持，忽视了对贫困人口思想和精神的扶持，这导致了贫困人口对政府的扶贫形成了一定的依赖性，从而影响了扶贫工作的成效。"脱贫致富贵在立志，只要有志气、有信心，就没有迈不过不去的坎。"②扶贫须将"扶志"与"扶智"结合，从脱贫意识和思路着手，树立贫困人口脱贫的志气和勇气，协助贫困人口更新观念，寻找致富的方法和措施。

要想从根本上使贫困人口脱贫，必须先"扶志"，只有激发其强大的志气和勇气，才能使其彻底脱贫并阻止其返贫。我国打赢脱贫攻坚战，就是要帮助贫困人口提高认知、更新观念，唤起贫困人口脱贫的斗志和决心；就是要在思想上充实贫困人口，让他们意识到贫困只是暂时的，他们可以通过辛勤的劳动摘掉贫困的帽子，创造幸福的生活；就是要从精神上武装贫困人口，提升贫困人口的教育水平、文化素质和综合能力，振奋贫困人口的精神面貌，充分发挥贫困人口的主体性作用。"扶志扶智"既是脱贫攻坚战的薄弱环节，也是脱贫攻坚战的关键。

（二）脱贫攻坚需要坚定的信念决心

我国打赢脱贫攻坚战的信心既源于我国的制度优势、国家治理体系和治理能力现代化水平的不断提高，又源于贫困人口脱贫的主动性、积极性和

---

① 中共中央党史和文献研究院：《习近平扶贫论述摘编》，中央文献出版社 2018 年版，第 137 页。

② 中共中央党史和文献研究院：《习近平扶贫论述摘编》，中央文献出版社 2018 年版，第 132 页。

创造性。因此，脱贫攻坚工作要增强贫困人口勇于奋斗、持续奋斗的信心和决心，让贫困人口坚信在国家精准扶贫的战略部署下，通过其自身努力弥补贫困带来的劣势，艰苦奋斗、自力更生，从而缩小其与非贫困人口之间的差距，摘掉贫困的帽子；让贫困人口为自己的生活负责，相信自己有能力改变自己的生活，树立贫困人口脱贫的责任感和主体意识；让贫困人口面对在脱贫进程中遭遇的困难时百折不挠，有持续脱贫的信心和决心，战胜困难、迎难而上。①

（三）脱贫攻坚需要增强发展能力

习近平总书记强调，扶贫必扶智，治贫先治愚。② 我国贫困地区尤其是深度贫困地区，之所以深陷贫困不能自拔，一是因为其自然地理区位偏远、生态脆弱、基础设施落后及发展水平低，二是因为其贫困人口的自我发展能力和综合素质较弱。因此，我国的扶贫工作需要以提升贫困人口的自我发展能力和综合素质为重点。脱贫攻坚需要用知识武装贫困人口的头脑，让贫困人口有知识、有能力，增强贫困人口自我“造血”的能力，阻断贫困的代际传递及返贫现象的发生。如此，扶贫工作的可持续性成效才能得以保证。所以，深度贫困地区贫困问题的解决，重点应放在教育上，即通过教育实现贫困人口综合素质和自主发展能力的提升。

脱贫攻坚强调精准，更注重脱贫效果的可持续性。脱贫是一个动态

① 张跃平、徐凯：《深度贫困民族地区贫困特征及“扶志”与“扶智”的耦合机制建设——基于四川甘孜、凉山两州的调研思考》，载《中南民族大学学报(人文社会科学版)》2019 年第 5 期。

② 中共中央党史和文献研究院：《习近平扶贫论述摘编》，中央文献出版社 2018 年版，第 137 页。

的过程，只有“扶志扶智”能保证脱贫成效的可持续性。“扶志扶智”的“造血式”扶贫方式可实现贫困人口物质和精神的双重脱贫，既改变了贫困人口外在的生活环境，又改变了贫困人口内在的精神环境。这对提升贫困人口的自我发展能力，激发其内生动力，发挥其主观能动性具有重要意义。

三、全面小康拓展扶贫新内涵

根据我国经济社会发展的实际情况，中共十八大从经济、政治、文化、社会和生态文明五个方面，提出了全面建成小康社会的新目标。这一新目标同时也对扶贫开发工作提出了新要求。贫困人口全面脱贫既是全面建成小康社会的艰巨任务，也是底线任务。

（一）“扶志扶智”是全面建成小康社会的应有之义

全面建成小康社会要求满足人民群众日益增长的精神文化需求，全面提高人民群众的精神文化生活水平。全面建成小康社会意味着人民群众道德素质的全面提高，也意味人民群众精神文化生活的健康与丰富。对贫困人口而言，改善其物质生活只是全面建成小康社会的部分体现，改善其精神文化生活才是全面建成小康的重要内容。这就需要通过“扶志扶智”来实现，即进一步完善贫困地区公共文化服务设施建设的网络与机制，丰富贫困地区人口的精神文化生活，改变贫困地区人口的精神面貌；同时，也要通过“扶志扶智”提高贫困人口的知识文化水平和职业技能，提升其自主发展能力，促进其全面自由发展。我国实现全面建成小康社会的目标，最艰巨的任务是在贫困地区，只有贫困人口在物质和精神上得到全面改善，才能建成真正让人民满意的小康社会。

（二）经济持续健康发展需要精神基础

我国全面建成小康社会的首要条件是经济持续健康的发展。贫困地区经济的发展要突出特点和特色，要转变经济发展的方式，制定科学的发展规划，以促进农村一、二、三产业均衡、协调发展，为全面建成小康社会贡献力量。贫困地区要推进新型城镇化建设，提高城镇的基础设施和公共服务水平，增强产业发展和人口集聚的功能；贫困地区要根据各地自身的资源优势、产业基础和贫困人口的发展意愿，因地制宜发展产业项目，带动贫困人口就业增收；贫困地区要鼓励和引导贫困人口就业、创业，让更多的贫困人口在家门口实现就业增收；贫困地区要充分利用农业农村的各种资源，大力发展特色种植养殖业、服务业、乡村旅游业、电子商务等产业。经济的发展与人的思想解放、意识发展和积极行动分不开。因此，贫困地区在经济持续健康发展的同时，还要激发贫困人口的内生动力。“扶志扶智”则为经济持续健康发展提供了精神基础。

（三）凝聚小康向心力需要“扶志扶智”

中共十九大以后，我国进入了全面建成小康社会的冲刺阶段。全面建成小康社会，最艰巨最繁重的任务在农村，特别是在贫困地区。贫困地区全面脱贫的难度很大，需要举全社会的力量共同克难攻坚才能实现，因而需要凝聚各方力量，贫困人口作为脱贫的主体更要积极参与全面建成小康的进程，共建小康社会，这样才能真正地实现全面小康社会。凝聚共建小康社会的向心力需要对贫困人口进行“扶志扶智”，增强其发展的内生动力，提升其发展的积极性，从而实现贫困人口的自主发展。

（四）全面建成小康社会需要增强文化软实力

文化是民族的血脉、人民的精神家园，全面建成小康社会要求扶贫开发继承和弘扬优秀的传统文化，培育和践行社会主义核心价值观，打造精神家园。文化软实力的提升是贫困地区发展的重要推动力。全面建成小康社会需要根据各地区的文化底蕴，发扬当地的优秀文化；推动当地的文化设施建设，如文化广场、数字影院、活动场地等；开展多种形式的文化活动，以丰富人民群众的精神文化生活，如通过开展精准扶贫的公益活动，广泛征集群众自编自演的节目，让群众在家门口尽情展示才艺、感知文化艺术魅力、体验传统文化风情。

四、乡村振兴赋予扶贫新目标

习近平总书记在中共十九大报告中提出实施乡村振兴战略。乡村振兴是实现中国发展的必由之路。乡村振兴要求深化农村体制改革，运用科学技术推进农村现代化，同时注入先进文化活化乡村精神文化。从乡村振兴发展战略来看，乡村精神文化振兴是其重要的内容。在此过程中，“扶志扶智”也被乡村振兴战略赋予了新的目标。

（一）乡村振兴需要“扶志扶智”激发内生动力

扶贫需要“扶志扶智”，乡村振兴战略的推进也需要“扶志扶智”，从而激发贫困人口的积极性和主动性。乡村振兴是由政府主导、聚焦助力精准扶贫和实现乡村现代化的战略。乡村振兴需要广大群众的积极参与。政府要激发广大群众的内源动力，把政府倡导振兴乡村，变为群众自己要努力实现乡村振兴，让群众有参与感和获得感；要激发人民群众的斗志，让人民群众认为生活有奔头、努力有希望，把“扶志扶智”和乡村振兴结合起来，补齐农村精神短板，激发乡村内生动力，真正实现乡村的振兴与发展。

（二）乡村振兴战略需要“扶志扶智”来助推

贫困人口脱贫是实施乡村振兴战略的基础性工程，是全面建成小康社会的底线任务。对贫困人口实行“扶志扶智”有利于打赢脱贫攻坚战，助推乡村振兴战略的实现。在产业兴旺、生态宜居、乡风文明、治理有效、生活富裕总要求的指导下，以乡村振兴战略统领农业农村的发展，着力于产业化发展基础设施建设、改善基本公共服务，推进现代农业发展，促进美丽乡村建设。“扶志扶智”让贫困群体相信政府带去乡村的振兴项目和扶持政策能给他们的生活带来变化，他们也敢于积极参与乡村振兴的发展，勇于抓住乡村振兴战略的机遇，实现自主创业，积极寻找外在资源来获取帮助。“扶志扶智”与脱贫攻坚、乡村振兴战略之间的相互配合、有机衔接，为实现乡村振兴打下了坚实的基础。

（三）乡村振兴的成果需要“扶志扶智”来巩固

自乡村振兴战略实施以来，农村发展朝着振兴战略的总要求稳步推进，取得了显著的成效。“扶志扶智”既巩固了农村发展的成果，又增强了农村居民建设家乡、力争脱贫的斗志和能力。在农业方面，乡村振兴战略强调优势，做出特色，打造农业品牌；在居住环境方面，乡村振兴战略强调加强乡村规划建设、加大生态保护力度、深化环境综合整治、努力提升村容村貌，以促进富美和谐乡村的建设；在精神文化方面，乡村振兴战略强调弘扬和践行社会主义核心价值观、加强农村思想道德建设、丰富农民的精神文化生活、加快形成文明乡风、焕发乡村文明新气象；在创新乡村治理方面，乡村振兴战略强调完善乡村治理制度、加强农村法治建设、提高平安乡村建设水平、不断推动乡村治理和社会服务的中心下移。当前的乡村振兴采取政府主导、社会各界力量参与的形式来推进，因政府的力量和资源有限，乡村振兴更需要依靠农村群众自主发力。因此，“扶志扶智”就显得尤为重要。

脱贫攻坚、全面建成小康社会、乡村振兴战略不仅需要解决贫困人口的物质贫困问题，还需要全面解决贫困人口的精神贫困问题。“扶志扶智”是时代赋予的助力贫困人口全方位摆脱贫困的重要内容。

第二节 “扶志扶智”的科学内涵

一、如何正确理解“扶志扶智”

第一，关于“志”的理解。有研究者从贫困心理学的视角指出，“志”由三大系统构成，即由个人抱负、价值观、自我意识等构成的引导维持系统，由需要、动机、兴趣等构成的动力系统，由情感、意志等构成的调控系统。[①] 一些学者和实践者从不同维度赋予了“志”更多的含义。“志”是志气、志向和信心的集合。“扶志”就是要让贫困地区的贫困人口坚定意志、提振信心，让他们有志向、有梦想。“志”是扶贫工作中立足扎根共同富裕、不返贫的首要条件，代表着贫困人口自身的志气、勇气、决心与智慧。“扶志”就是要做群众工作，既要有细致的工作态度，也要有耐心的、长期引导教育的工作方法，以实现贫困人口从被动脱贫到主动脱贫的巨大跨越。[②] 不管是以何种维度阐

① 陈莹：《扶贫同扶志、扶智相结合的工作建议——以贫困心理学为视角》，载《经济师》2018 年第 7 期。
② 张琪：《打赢脱贫攻坚战必须扶志、扶智、扶质、扶制》，载《求知》2019 年第 6 期。

释“志”的内涵，各方力量“扶志”的目标是具有一致性的。“志”是指志气、精神，是人的内在支柱。“扶志”就是扶思想、扶观念、扶信心，就是要把贫困人口主动脱贫的志气“扶”起来，激活他们的“内因”动力。[①]“扶志”就是协助贫困人口淡化贫困意识，树立脱贫致富的信心；就是唤醒贫困人口的斗志和信心，激发贫困人口的主体自觉，充分发挥贫困人口的主观能动性[②]。总的来说，“扶志”就是通过多种措施的综合运用，激发贫困人口发展的斗志，奠基贫困人口发展的能力，以恢复其正常的生产生活能力，促进其自我发展。

综合学者们的观点，在贫困治理领域中，“志”可以理解为勇气、信心、志气、意志，具体指贫困人口的自我发展需求、自我发展效能、自我发展目标及自我控制能力，包含了贫困人口主动脱贫发展的意愿、贫困人口相信通过自己的努力能够脱贫的自我效能感、明确的未来发展目标及遇到挫折坚持不懈的坚毅精神。贫困人口的自我发展需求与自我发展目标均具有驱力的性质，能够激发贫困人口内在的自主发展潜力，而自我效能感和自我控制能力能为贫困人口的持续发展提供持续的动力。“扶贫扶志”就是在扶贫实践中，各方力量帮助贫困人口发挥其对生产活动的主观能动性，改变贫困人口对自身贫困状态的不合理的认知，使贫困人口能够尽可能地摆脱对政府扶持的完全依赖，激发其脱贫的内生动力，以从根上解决贫困问题。

第二，关于“智”的理解。在《现代汉语词典》（第 7 版）中，“智”有聪明、智慧的意思。在贫困研究领域，有研究者同样从贫困心理学的视角对“智”做

---

① 孙国杰：《涵养“三气”扶贫扶志》，载《新长征》2018 年第 6 期。
② 胡光辉：《扶贫先扶志　扶贫必扶智——谈谈如何深入推进脱贫攻坚工作》，载《今日海南》2017 年第 2 期。

出了解释，认为“智是人们认识客观事物并运用知识解决实际问题的能力，包括观察力、记忆力、想象力、分析判断能力、思维能力、应变能力等”。[①] 在贫困治理领域，“智”可以理解为贫困人口脱贫与发展的能力，它是贫困人口实现发展所需要的基本条件，是有效地激励贫困人口参与社会发展的各项能力，包括健康体质的能力（拥有基本的劳动能力和自理能力）、适应环境的能力、专业技术知识的能力、社会交往的能力及问题解决的能力。

关于扶贫“扶智”，习近平总书记指出：“摆脱贫困首要并不是摆脱物质的贫困，而是摆脱意识和思路的贫困。扶贫必扶智，治贫先治愚。贫穷并不可怕，怕的是智力不足、头脑空空，怕的是知识匮乏、精神委顿。脱贫致富不仅要注意‘富口袋’，更要注意‘富脑袋’。”[②] “扶智”就是通过教育、技能培训、创业知识培训等方法，提高贫困人口的知识和技能水平，提升贫困人口的发展能力，防止贫困的代际传递。所以，在“扶智”思路下，扶贫是以促进人的全面发展作为指导理念，提高贫困人口的教育、文化、健康水平和综合素质，振奋贫困地区和贫困人口的精神风貌[③]，特别是要让贫困地区的儿童接受良好的教育，这是扶贫开发的重要任务之一，它能有效阻断贫困的代际传递。因此，在贫困治理的话语体系内，“智”可以理解为提升贫困人口脱贫发展的综合素质和综合能力，包括文化水平、知识素养、生产生活技能等方面。

---

① 陈莹：《扶贫同扶志、扶智相结合的工作建议——以贫困心理学为视角》，载《经济师》2018年第7期。

② 中共中央党史和文献研究院：《习近平扶贫论述摘编》，中央文献出版社2018年版，第137页。

③ 中共中央党史和文献研究院：《十八大以来重要文献选编》，中央文献出版社2018年版，第50页。

中共十九大报告提出，要坚持精准扶贫，将扶贫与“扶志扶智”有机结合起来。从中可以看出，将扶贫与“扶志扶智”有机统一的重要性。在我国贫困治理的过程中，“扶志”与“扶智”两者是相互渗透、相互依存、相互促进的。“扶志”是先决条件，“扶智”是关键之举，智随志走，志以智强。“扶志”激发贫困人口的发展动力，为贫困人口增长智慧和聪明才干明确了目标及方向。当贫困人口通过“扶志”获取发展的主动性，拥有主动脱贫的动机时，就需要“智”的参与。“扶智”为贫困人口“立志”“践志”起到了重要的支撑作用，脱贫致富没有“智”，再好的愿望、目标也只能是空谈。我国参与扶贫工作的各方力量通过教育和技术培训等措施开展贫困人口的“扶智”服务，有助于消除部分贫困人口的保守、不思进取等思想，开启民智，从而推动“志”的发展。可以说，“扶志”与“扶智”是车之两轮、鸟之双翼。只有将“扶志”与“扶智”两者有机结合，才能实现更大的效益，使贫困人口拥有自我发展意愿和自我发展能力，从而更进一步推动精准扶贫的顺利实现，巩固脱贫攻坚的成果。

二、“扶志扶智”的特点

2013 年，习近平总书记在湖南考察时指出，“脱贫致富贵在立志，只要有志气、有信心，就没有迈不过去的坎”①；2017 年，习近平总书记在赴河北张家口看望慰问基层干部群众时又进一步指出，“要把扶贫同扶志结合起来，着力激发贫困群众发展生产、脱贫致富的主动性，着力培育贫困群众自力更

① 《习近平总书记在湖南考察时的讲话(2013 年 11 月 3 日至 5 日)》，载《人民日报》(第 1 版)2013 年 11 月 6 日。

生的意识和观念，引导广大群众依靠勤劳双手和顽强意志实现脱贫致富”①。可见，“扶志扶智”不同于一般意义上的扶贫方式，而是侧重于改变贫困人口的精神面貌，推动贫困人口的自主发展，增能赋权于贫困人口。总的来看，“扶志扶智”具有以下几个特征。

（一）创新性

相较于偏重物质扶贫的扶贫措施来说，从“扶志扶智”维度入手开展扶贫工作具有一定的创新性。“扶志扶智”更注重从贫困人口的精神内在方面着手，强调不能一味地靠向贫困人口提供直接的物质援助来助其解决贫困问题，而是主张以一种新的、更深入的视角对他们进行扶贫，重在激发贫困人口内在的发展动力和提升贫困人口的自我发展能力。“扶志扶智”的创新性主要体现在它找到了贫困的内在根源，从而能从根本上解决贫困问题。事实上，现阶段的贫困人口通常具有发展意识不强、价值观念偏差、信心与动力缺乏、发展能力不足等特点，一般意义上的外部援助不能进一步改善其生活状态，需要从根本上解决致贫的内因。因此，从扶贫方式上来说，扶贫中的“扶志扶智”具有创新性。

（二）指向性

“扶志扶智”有着鲜明的指向性。一方面，“扶志扶智”的对象界定很明确，其目标群体主要为贫困人口，尤其是有着“等、靠、要”思想及缺少发展信念、发展能力不足的贫困人口。这部分人是扶贫攻坚中的“硬骨头”，是最难

---

① 中共中央党史和文献研究院：《习近平扶贫论述摘编》，中央文献出版社 2018 年版，第 140 页。

突破的一类人群。另一方面,“扶志扶智”的目标也非常清晰,它主要是通过扶持贫困人口的志气、勇气、信心与意志力,来提升贫困人口的综合能力,激发贫困人口脱贫的内生动力,使贫困人口能够更多地依靠自身力量实现脱贫目标。

（三）长期性

我们要帮助一个人学会一种技能或者某个知识或许是短期内可以做到的,但我们要改变一个人、一个群体甚至一个地区的思想观念则需要很长的时间。我国的“扶志扶智”工作尚处于初期阶段,要实现大多数贫困人口“志”“智”的提升,仍需要长期不懈的努力,需要社会各界为“扶志扶智”贡献力量。因此,从扶贫工作的过程来说,“扶志扶智”具有长期性的特点。

（四）根本性

“扶志扶智”是通过改变贫困人口的内在因素,激发贫困人口内生动力以达成减贫、脱贫目的的一种扶贫方式。所谓内因决定外因。“扶志扶智”注重贫困人口从志气、信心、思想到行为上的转变,以从根本上实现脱贫。因此,从扶贫结果来说,“扶志扶智”具有根本性和彻底性。

三、“扶志扶智”的目标

“扶志”与“扶智”的有机结合是对扶贫开发过程中“见物不见人”“重物质轻精神”现象的纠偏。物质的扶持固然重要,但单一的物质帮扶只能短暂地改善贫困人口的经济状况。要实现贫困人口持续脱贫、持续发展,不仅需要提供物质方面的援助,还需要精神、文化和思想方面的支撑。因此,在为贫困人口提供物质援助的过程中,扶贫还要关注贫困人口发展的主体性、积极性，从而激发贫困人口的自主发展意识，培育贫困人口的发展能力。也就是说，只有“扶志”与“扶智”相结合才能彻底拔除穷根、消除贫困。可以说，“扶志”与“扶智”在反贫困事业中是“造血式”扶贫的有力支撑，发挥着改变消除贫困的主体——贫困人口以往精神状态和脱贫致富能力的重要作用。

（一）激发贫困人口脱贫致富的内生动力

“扶志”与“扶智”是扶贫的重要手段，也是一种目的性行为。它是通过重塑贫困人口的脱贫信念及增强他们自我发展的能力，激发贫困人口脱贫致富的内生动力。这种扶贫手段和方式是其他扶贫措施所不能取代的。“扶志扶智”工作不仅有利于从根本上解决贫困人口的物质和精神的双重贫困，而且在扶贫的过程中还能营造一种积极向上、自力更生、艰苦奋斗、勇于面对困难的社会氛围。当然，“扶志”与“扶智”是一个一体两面的复杂系统：“一体”是指在反贫困工作中两者的目标一致，即脱贫致富；“两面”是指“扶志”是指增强贫困人口脱贫的信念和意志，而“扶智”是为了增强贫困人口的能力，实现其自助。只有实现两者的有机结合，才能为扶贫开发工作注入新的活力。

“扶志扶智”，扶的是贫困人口的精神面貌。精神面貌是人的意识、思维活动和一般心理状态，或比喻事物的外在状况。贫困人口从精神上做出改变，保持积极向上的精神状态，能进一步实现脱贫，巩固扶贫的成果。针对贫困人口中没有脱贫意愿、脱贫能力弱、脱贫内生动力不足等人群，我们要从精神和内在层面激发其脱贫欲望、增强其脱贫动力，从而改变其精神面貌，使其主动脱贫。

（二）增强贫困人口的脱贫信念和主观能动性

个体是人与环境的动态结合体。人的发展既要考虑个体的内部特征，也要考虑其所处环境的特征。从个体层面而言，扶贫实质上是对贫困人口惰性思维的改造和能力的提升，是转变贫困人口观念的过程。如果在反贫困工作中，政府只是一味地给予资金、物质及政策的支持，却忽视了贫困人口思想与信念的转变及能力的建设，贫困人口的文化、教育和技能培训处于空白状态，那么扶贫取得的只可能是事倍功半的效果。扶贫先“扶志”，强调的是各方力量参与扶贫要以增强贫困人口脱贫致富的信念和意志为重点。所谓“扶志”首先是要让贫困地区的贫困人口从思想上解除贫困的束缚，并从心理上解决贫困人口因贫困所产生的心理障碍，唤醒其积极向上、追求幸福生活的勇气和斗志，从而摆脱对“输血式”扶贫的依赖，充分发挥主观能动性，凭借自己的努力去创造物质财富和精神财富。

“扶贫先立志”，立志是做事的前提和基础，可以让贫困人口有信心和决心去打赢这场脱贫攻坚战。如果贫困人口自身缺乏脱贫致富的信念和勇气，没有积极进取、奋发向上的精神，即使获得外界再多的物质和资金的资助，也只是一时的满足，不可能从根本上拔出贫根，只会深陷贫困状态而不能自拔。因此，扶贫工作要充分利用好宣传、舆论等思想手段，为贫困地区的贫困人口送去源源不断的“精神食粮”，扭转以不劳而获为荣的不良风气，转变部分贫困人口“等、靠、要”的思想观念，增强贫困人口在面对困难、挫折时的韧性，树立贫困人口敢于直面困难、勇于迎难而上的信念和决心，进而充分调动贫困人口的主观能动性，激活其发展动力，将其由被动救助的消极主体转变为主动脱贫的积极主体。因此，正确认识和处理好扶志在反贫困工作中的地位和作用，是实现贫困人口脱贫致富的先决条件和动力源所在。

（三）增强贫困人口的发展能力

贫困人口要实现自我发展，关键在于培养和提升自我发展和自我建设的能力。所谓“扶智”就是扶思想、扶知识、扶技术，指导贫困人口开展思想教育、文化教育及技能教育等活动，提升贫困人口脱贫致富的综合能力，增加贫困人口的社会资本和人力资本，阻断贫困的代际传递。“扶智”是“授人以渔”，是从“输血式”扶贫转变而来的、积极主动的“造血式”扶贫，它最主要的目的不是解决贫困人口“一时”的贫困，而是注重从根本上解决他们的贫困问题。“扶智”主要是通过开展能力建设活动，协助贫困人口突破能力限制，拥有自我发展之智。可以说，“扶智”是实现贫困人口可持续脱贫、有效遏制其返贫的重要基础。通过“扶智”，贫困人口可以：一是形成清晰、理性的自我意识。“扶智”协助贫困人口更理性地看待自己及自己所处的困境，看到自身和环境的优势，以及辨识未来自身努力的方向。二是增加贫困人口的科学文化知识和技术技能。“扶智”通过改善办学条件、提升教师队伍的素质来开展劳动技能培训，提高贫困人口的受教育水平和科学技能。三是提高贫困人口的社会适应能力。“扶智”通过推动贫困人口更多、更有效地参与就业和劳动，进一步提升贫困人口的社交能力和处事能力。

四、“扶志扶智”的实践意义

消除贫困不仅仅是要对贫困人口进行物质上的帮扶，对其进行精神上的帮扶也是不可或缺的。“扶志扶智”为打赢脱贫攻坚战、全面建成小康社会、加快农业农村的发展和实现人的现代化提供了精神动力，具有重要的理论和实践意义。

（一）有利于打赢脱贫攻坚战

“扶志扶智”对实现农村地区的脱贫攻坚，促进农村地区物质和精神的共同富裕有着重要的意义：一是有利于在思想层面增强贫困人口的脱贫意志力，充分发挥贫困人口的主观能动性，提高其发展能力；二是有利于转变我国各类帮扶力量的扶贫方式，让贫困人口由被动地接受救济转变为主动脱贫；三是有利于提高资源的利用效率，增强贫困地区、贫困人口的自我“造血”能力，促进贫困地区的可持续发展，减少返贫现象，从根本上摆脱贫困；四是有利于树立贫困人口脱贫致富的信心，引导贫困人口发挥自己的动手能力和创造能力，树立艰苦奋斗、自强不息的精神，从而更好、更快地打赢农村地区的脱贫攻坚战。

（二）有利于全面建成小康社会

我们奋力建设的小康社会，是全面小康的社会，既要实现物质的极大丰富，也要实现精神的极大丰富。人民群众生活质量的提高既包括物质生活的改善，也包括精神生活的充实。只有人们的精神素养得到发展和提高，才能够顺利建成全面小康社会。实现中国梦既要增强物质力量，也要增强精神力量。始终不渝地坚持“扶贫与扶志、扶智相结合”的重要思想，是实现全面建成小康社会的重要途径。一是“扶志扶智”有利于提高贫困人口的文化素质和道德素质。在脱贫攻坚的道路上，一些贫困地区的人们的文化素质和道德素质较低，“等、靠、要”的思想时有出现，这制约了当地经济的发展和彻底脱贫的实现。二是“扶志扶智”有利于消除精神贫困，即从思想上调动贫困人口主动脱贫，树立人穷志不穷的理念。三是“扶志扶智”有利于增进贫困人口对共同富裕的认同感，可以最大范围地增进贫困人口对共同富裕的思想认同、理论认同和情感认同，促进物质文明和精神文明的协调发展。

（三）有利于推进农业农村的发展

“扶志扶智”对农村的经济、政治、文化建设有着重要的意义，是实现乡村振兴、加快农业农村现代化的重要抓手。

首先，有利于促进农村经济社会的发展。农村的经济社会发展与精神文明建设是相互促进、相互依存的，农村经济的发展离不开农村群众昂扬向上的精神风貌，农村的精神文明建设是农村经济发展的重要支撑。因为经济发展需要群众的主动性和创造性，需要群众团结一致、努力向上的决心和信心，农村群众的“志”和“智”扶不起来，就无法实现经济的稳定、可持续发展。将“扶志扶智”贯穿于扶贫工作的始终，对促进农村经济社会发展有着重要的推动作用。一是有利于发展农村文化产业。“扶志扶智”可以通过鼓励当地农民结合当地的地理位置和文化特色发展文化旅游产业的方式，打造创新的发展路径，推动农村经济社会的发展。二是有利于增强农村地区的贫困人口的发展动力。“扶志扶智”有利于增强贫困人口脱贫致富的动力，提高贫困人口的生活质量和经济收入，进而为农村经济的发展提供内生动力。三是有利于为农村经济发展营造充满动力、充满热情的氛围。“扶志扶智”可以激发贫困人口创新创业的热情和动力，使农村向物质生活的富足和经济社会的发展迈进。

其次，有利于加强农村基层自治。农民是我国数量庞大的一类社会群体，也是农村基层政治文明建设与农村社会治理的主力军。推动农村基层民主建设有利于农村事务管理效能的提高，维护农村的社会秩序；有利于调动群众参与社会公共事务的积极性，促进农村经济社会的发展。“扶志扶智”有利于加强农村的基层自治，推进民主社会的进程。对贫困人口进行“扶志扶智”，有利于发挥农村贫困人口的主动性，增强贫困人口的民主权利意识和能力，使他们认识到自己的主体地位，愿意去表达自己的利益诉求，主动参与农村的自治管理。

最后，有利于农村的文化建设。农村文化是农村居民在长期的农业生产和日常生活中形成的一种特定文化，是一种带有乡土气息的文化。农村文化从侧面反映了农民的生活态度和理想追求。随着经济的发展和社会的变迁，很多地区的农村文化日渐式微，这不利于脱贫攻坚目标的实现，也不利于乡村振兴的实现。

农村的文化建设离不开农村群众的参与，“扶志扶智”是从农村群众精神层面进行介入，对农村的文化建设有着深远的影响。一是有利于创新农村文化形式。“扶志扶智”可以鼓励贫困人口主动参与农村文化建设，激发贫困人口的创新意识，从而丰富文化活动，创新文化形式。二是有利于形成区域特色文化。“扶志扶智”可以鼓励农村群众结合当地的具体情况，自主开展和参与更多文化活动，推动区域特色文化的形成。三是有利于弘扬传统文化。“扶志扶智”有利于丰富贫困人口的文化生活和精神世界，树立文化自信，弘扬优秀传统文化。四是有利于加深贫困人口对农村的认同感和归属感。“扶志扶智”可以使贫困人口拥有更加积极向上的精神面貌，增强居民的凝聚力，也有助于促进农村经济的发展，加快乡村振兴的步伐。

（四）有利于实现人的现代化

现代化的根本是人的现代化，人的现代化是实现国家现代化和社会现代化的重要保障。英格尔斯(Ingles)提出了十二条人的现代化的标准：乐于接受新事物；接受社会的改革和变化；思路广阔、思想开放；注重现在和未来，守时、惜时；有强烈的个人效能感；生活和工作有计划性；尊重知识；有可依赖性和信任感；重视专门技术；选择离开人们传统观念上所尊敬的职业，敢于提出挑战；相互了解、尊重，有自尊心；熟悉生产过程。[①] 基于以上观点，笔者认为现代化的人有四个特点：一是见闻广博，积极参与社会活动；二是有个人效能感；三是有高度的独立性和自主性；四是乐于接受新经验和新观念。“扶志扶智”对实现人的现代化和全面发展有着重要的意义。

首先，促进个人观念的转变。“精神贫困”现象在贫困人口中是普遍存在的。“扶志扶智”有利于我们识别“精神贫困”现象存在的深层次原因，并致力于改变这种现象。脱贫攻坚是一个复杂且持久的过程，政府的支持和政策的指引必不可少，但贫困人口的主动参与和自立自强也是至关重要的，加强精神扶贫和思想扶贫，促进贫困人口思想观念的转变是摆脱贫困、全面建成小康社会的关键。但仍有部分贫困户存在“等、靠、要”的思想，缺乏摆脱贫困的勇气和信心，坐等政府的物质救济；部分贫困户存在“以贫为荣”的心态，只想不劳而获；部分贫困户存在“得过且过”的认知。对贫困人口的“扶志扶智”有利于改变其消极、被动的观念，使其树立起积极向上的观念；树立起“艰苦奋斗、自强不息”的观念，明白幸福生活需要自己的努力和付出，从而提高自我发展的能力；树立起“积极主动”的观念，主动学习周围的脱贫榜样，增强自身的奋斗精神和脱贫决心，调动自身的主观能动性和创新创造的意识。

其次，有利于提高人的发展能力。一直以来，单纯外部力量的推动不仅

① [美] 英格尔斯：《人的现代化》，殷陆君编译，四川人民出版社 1985 年版，第 26 页。

难以使贫困人口从根本上摆脱贫困，而且容易造成贫困人口自我改变的意识和能力的弱化。要想实现真正的脱贫，就必须重塑贫困人口摆脱贫困的信心和信念，促进贫困人口个人能力的提升。对贫困人口进行“扶志扶智”，是一种“能力赋予式”的扶贫。一是有利于提升贫困人口制订和执行计划的能力和自我管理的能力。对贫困人口进行“扶志扶智”，可以鼓励和引导贫困人口树立目标，制订具体的行动计划，并进而转化为具体的行动。二是有利于提升贫困人口的专业技术能力。对贫困人口进行“扶志”有利于更好地与“扶智”相结合，用“扶志”促进贫困人口主动去学习专业知识，提升专业能力。三是有利于提高贫困人口的创造能力。“扶志扶智”可以为贫困人口营造创新创造的氛围，可以促进贫困人口自身素质的提高以及他们在农业生产活动中创新和发展能力的提升。

最后，促进个人的全面发展。全面建成小康社会离不开个人的全面发展，离不开个人整体素质的完善和提高。个人的全面发展是指作为社会主体的每一个人在个性、道德、能力等方面的和谐、自由、全面的发展和完善。在扶贫的过程中，部门帮扶力量更加注重经济的发展，对个人精神世界的关注相对不足。对贫困人口进行“扶志扶智”可以促进个人以下方面的发展：一是促进个人能力的充分发展，包括个人的体力、智力、社会交往能力等。“扶志扶智”激励贫困人口拥有直视贫困的勇气，进而主动提升自身的能力。二是促进人的个性得到充分发展。人的个性体现在兴趣、爱好、行为等方面，“扶志扶智”可以使贫困人口更加关注自己的内心世界，发挥自身的创新精神和创造能力。三是促进个人主体性的全面发展。“扶志扶智”可以激发贫困人口主动脱贫的志气和奔向小康的底气，在脱贫过程中充分发挥自己的主观能动性。四是促进个人社会关系的全面发展。“扶志扶智”可以使贫困人口加强与外部世界的联系和交往，处理好自己与他人、与社会、与自然的关系。

第三节 “扶志扶智”与反贫困的关系

一、我国的扶贫是一种全面的扶贫

中共十九大报告指出要坚持精准扶贫，这为扶贫工作提供了明确的定位和发展方向。所谓精准，就是要改变以往在扶贫工作中大水漫灌式的救助方式，针对不同贫困区域的环境、不同贫困农户的状况，运用科学有效的程序对扶贫对象实施精确识别、精确帮扶、精确管理，将扶贫工作有针对、有层次、有目标地落实到贫困地区的每一个贫困对象身上，实现救助措施与贫困对象精准对接，从而实现脱真贫、真脱贫的目标。精准扶贫注重的是精准，它不仅涵盖了传统意义上的扶贫目标，而且是在我国新经济和新常态形势下符合我国扶贫需要的、具体的扶贫政策、手段与方法，赋予了新时代贫困地区从脱贫到振兴的重要内涵、任务与目标。精准扶贫主要包括精准识别、精准帮扶、精准管理和精准考核四个方面。只有将精准扶贫的特征贯彻到以上四个方面及扶贫工作的方方面面，才能真正实现扶贫工作中的对象精准化、措施具体化、管理规范化、考核合理化。①

过去的几年，我国的精准扶贫工作在全国各地坚实有效地推进，按照习近平总书记精准扶贫思想的严格要求实施，“不让一个兄弟民族掉队”“不让

① 赵杰、刘尧、唐青生：《精准扶贫与扶志扶智的关系问题研究》，载《农村经济与科技》2018 年第 24 期。

一个民族地区落伍”。但贫困地区和贫困群体需要的不仅仅是物质和资金上的支持,更需要精神、文化层次上的引导和帮扶。只有进行全面的反贫困,达到贫困人口物质与精神上的同步脱贫,我国的精准扶贫工作才能算是基本完成。因此,这场扶贫攻坚战不仅关系着数以万计贫困人口的实际利益,更关乎我国全面建成小康社会目标的实现及社会主义现代化强国的最终实现。

总的来说,我国的反贫困工作既继承了一般意义上扶贫的基本内容,又承接了时代赋予的、新的使命。我国的精准扶贫工作有着更为丰富、全面的内容和要求,它不仅要求各方扶贫力量解决贫困人口物质上的贫困问题,而且要更新人们对扶贫的认知,即将精神扶贫视作扶贫的一个重要方面。所谓精神扶贫,是指将注重物资、资金等经济层面的扶贫手段扩展为包含转换思想意识、价值观念、思维模式等精神层面扶贫手段的扶贫方式,将经济扶贫与精神扶贫相结合。这是扶贫开发工作的新阶段,也是彻底摆脱贫困的新举措。①

二、“三扶”:扶志、扶智、扶贫

扶贫、扶智与扶志简称“三扶”,三者相互影响,缺一不可。一是扶贫是目标。扶贫的任务之一就是要拓宽贫困人口的收入渠道,提高贫困人口的经济收入,让其摆脱贫困。二是“扶智”与“扶志”是扶贫的手段,是“造血式”扶贫的有力支撑。“扶志扶智”强调从动力和能力的维度向贫困人口提供帮

① 万远英、崔帅帅:《精神扶贫:减贫反贫的根本——基于成都市扶贫开发工作的调研思考》,载《安徽农业科学》2017 年第 32 期。

扶，是对个体内部的一种改造。一方面，“扶志”是贫困人口脱贫的内部驱动力，是“扶智”发挥作用的思想基础。扶贫必先“扶志”，我们要从思想、观念、信心等多维度帮助贫困人口实现从“要我脱贫”到“我要脱贫”的转变，把贫困人口积极主动脱贫的志气“扶起来”，增强贫困人口脱贫的理想信念和主观能动性。只有志气高涨，贫困人口的内生脱贫动力才能被激发出来。树立了自主脱贫意志的贫困人口会更具有明确的发展目标、坚韧的意志力和勇往直前的勇气。另一方面，“扶智”是“扶志”发挥作用的技术路线。① 扶贫也需要“扶智”，需要培育贫困人口在市场经济中的生存能力、发展能力和社会适应能力。只有贫困人口真正掌握了个人发展所需的各项能力，如开阔的视野、清晰的思维、丰富的科学文化知识、扎实的技术技能等，才能从根本上阻止贫困的代际传递，确保脱贫后不返贫。② 在精准扶贫中，只有做到扶贫与“扶志扶智”相结合，脱贫的内生动力才会奔涌而出。因此，“三扶”坚持“输血”与“造血”相结合，一方面要搞好产业扶贫、开发扶贫、最低保障扶贫；另一方面也要通过文化传播和培训教育提升贫困人口的文化水平，加快补齐他们的“精神短板”，让他们想干、敢干、能干、会干。扶贫工作不能仅仅停留在外力帮扶的层面，而是要进一步加大力度，改进工作方式，从贫困人口自身的内驱力出发，坚定他们脱贫的信念，提升他们的脱贫能力，只有这样才能真正实现脱贫。而将扶贫同“扶志扶智”相结合的“三扶”模式正适应了这种需求，“扶志气”和“扶智力”同时进行，为反贫困工作增加内驱动力。

① 刘合光：《精准扶贫与扶志、扶智的关联》，载《改革》2017 年第 12 期。
② 阳盛益、黄淑贞：《精准扶贫背景下“扶贫扶志扶智”的实践与启示》，载《开发研究》2019 年第 1 期。

三、"扶志扶智"是反贫困的出发点

"扶志扶智"是反贫困工作的出发点。通俗来讲，反贫困的最终目的就是要增强贫困人口脱贫致富的信念和能力，而"扶智"与"扶志"就是实现其目标的手段和方法。"扶智"与"扶志"并不是抽象的，也不是虚无缥缈的，而是被具体应用到社会实践中的，具有一定的具体性和应用性。它最直接的表现就是广大贫困人口既是"扶志"与"扶智"的参与主体，也是受益对象。

此外，"扶志扶智"一直贯穿整个扶贫工作的始终，对扶贫工作的开展起着至关重要的作用。新时代下的精准扶贫工作已经完全超出了传统意义上扶贫工作的内涵和目标，更加注重精神扶贫在打赢扶贫攻坚战中的作用。而"扶志扶智"就是实现精神脱贫的关键力量。"扶志扶智"工作的开展，一方面能够激发贫困人口脱贫致富的信心和勇气，使其树立正确的人生观和价值观，从心理层面和生活层面切实改变贫困人口的精神面貌；另一方面能够使其主动学习科学文化知识，掌握实用的基本知识和技能，具备脱贫致富的能力，从而发挥贫困人口在脱贫攻坚中的主体作用和主观能动性，推动精准扶贫各项工作落到实处。①

四、"扶志扶智"是实现扶贫目标的保障

习近平总书记 2017 年 6 月 23 日在深度贫困地区脱贫攻坚座谈会上的讲话指出："智和志就是内力、内因。没有内在动力，仅靠外部帮扶，帮扶再

---

① 赵杰、刘尧、唐青生：《精准扶贫与扶志扶智的关系问题研究》，载《农村经济与科技》2018 年第 24 期。

多，你不愿意‘飞’，也不能从根本上解决问题。”[①]这一讲话虽然简洁，但是生动形象，一针见血，直逼问题的本质。“扶志”是搭建扶贫内生动力的基石，“扶智”是培育扶贫内生动力的路径。“扶志扶智”是精准脱贫的长效机制。因此，在反贫困工作中，只有做到扶贫与“扶志扶智”有机结合，才能真正激发贫困人口脱贫的内生动力，点燃其对生活的信念和热情，才会从根本上起到保障作用。在我国的反贫困工作中，一些贫困地区因为政策解读不正确等而出现了“以争当贫困户为荣”的不良风气，这明显与我国扶贫的最终目标相违背。这种不思进取的落后思想加剧了部分贫困人口“越扶越贫”现象的发生。因此，在精准扶贫中，尤其要重视和强调“扶志”与“扶智”，以实现“脱真贫”“真脱贫”。

① 中共中央党史和文献研究院：《习近平扶贫论述摘编》，中央文献出版社2018年版，第141页。

第二章 社会工作参与“扶志扶智”的反贫困的理论脉络

反贫困是我国进行的一项具有历史意义的伟大事业，它的实现关系着贫困人口的切身利益，代表着我国战胜和摆脱贫困的决心和信心。在反贫困过程中，仅仅依靠政府的力量对贫困人口进行物质和资金的帮扶，无法适应反贫困事业的发展。实践表明，反贫困事业需要更多力量的参与。社会工作的本质是帮助他人，其目的在于协助个人、家庭、团体、社区适应社会环境，增强或恢复其社会功能，创造有利于达成目标的社会条件，从而预防社会问题的发生或解决社会问题。这与反贫困的目标不谋而合。社会工作者作为一支具有专业知识和实务技能的扶贫力量，在反贫困进程中能发挥其独特的专业优势，从经济、心理、社会等多维度缓解贫困人口的贫困问题，进而推进我国反贫困向纵深发展。本章从发展历程、经验启示、价值贡献三个方面梳理社会工作参与“扶志扶智”反贫困的理论脉络，呈现社会工作参与“扶志扶智”反贫困的理论与现实图景，挖掘社会工作参与“扶志扶智”反贫困的价值与贡献。

第一节　社会工作参与反贫困的历程

一、反贫困社会工作的演进

社会工作的起源与发展和西方工业化进程中的贫困与不平等问题息息相关。在某种程度上，社会工作的发展史就是反贫困社会工作的发展史。社会工作最早产生于西方发达国家，它的出现主要是为了应对当时社会中出现的贫困问题，社会工作正是伴随着贫困问题的产生而逐渐得到发展的。消除贫困一直是社会工作专业的核心使命。在发展的过程中，社会工作由最初的志愿性救助活动发展成为一种专业化、职业化的社会服务。这种涉及多领域的社会服务不仅仅表现在单纯的物质救助上，而且表现在心理帮扶、能力挖掘、社会融入等精神层面的引导和帮助上。因此，追溯社会工作参与反贫困的发展史，不仅可以让我们更好地理解社会工作的本质和初心，还可以为我国社会工作参与反贫困事业、参与“扶志扶智”反贫困提供重要的借鉴意义。

（一）志愿性的反贫困社会工作(19 世纪末至 20 世纪初)

19 世纪末至 20 世纪初是专业社会工作发展的萌芽阶段。这一时期，社会工作服务主要表现为由政府、社会慈善组织、民间机构、社会志愿者及少量接受过培训的受薪人员实施的各种社会救助、济贫方面的社会实践活动。

17 世纪，西方资本主义国家开始了工业化和城市化的进程，但是这些国家在这一进程中遇到了大量的社会问题，其中贫困问题最为显著。一些国家为了缓解社会矛盾，解决贫困问题，开始制订并实施相关社会救助的方案。英国是开展工业革命最早的国家，其针对国内的贫困问题颁布了多个济贫法案，其中以1601年的《伊丽莎白济贫法》最为完备、最为有影响力。该法案明确了济贫主体的责任，承认政府对济贫负有主要责任，对教区、个人、家庭及社区的责任也进行了明确的规定，初步建立了对贫困群体进行救济的行政制度与救济工作方法。德国也是工业化较早的国家。为了解决日益严重的贫困问题，德国采取了比较有特色的救助制度，如汉堡制、爱尔伯福制等，使得救济工作更趋组织化和科学化。

工业化、城市化的迅速推进，使得英国的贫民数量大增，且当时实施的《伊丽莎白济贫法》对贫困群体的救济效果不尽如人意。在此情况下，许多具有不同宗旨和目标的慈善组织出现了，它们通过募集善款、发放救济的方式来救助贫民。但由于这些慈善组织之间信息不互通，有时会出现一个贫民向多个组织申请救助的"职业乞丐"现象，这就造成了资源的极大浪费。为了避免救济资源的浪费和防止"职业乞丐"现象的出现，慈善组织会社开始协调政府与民间的各项慈善活动，专门设立了询问部，供各慈善组织了解申请救济者的信息。同时，慈善组织会社还派出友好访问员，以了解申请救济者的社会背景并确定具体的帮扶措施。随着济贫事业的不断发展，英国济贫的方式日渐丰富。社区服务逐步受到研究者和实践者的关注。1884年，第一个社区睦邻服务中心——汤因比馆成立，其不仅谋求贫民生活的改善，而且致力于促进社区整体福利的改善，还关注贫民的精神文化生活的改善。

这一阶段的社会工作主要围绕济贫扶困，由社会慈善组织团体及个人开展社会服务，救济对象主要是因工业化和城市化进程而失业的贫民。

（二）专业化、职业化的反贫困社会工作（20 世纪初至 20 世纪 50 年代末）

20 世纪初至 20 世纪 50 年代末是社会工作走向职业化、专业化、科学化的阶段。这一时期，反贫困社会工作由济贫活动转变为一种以科学理论为指导、以专业手段为支撑的专业服务。

第一，反贫困社会工作的专业理论和知识得以发展。随着社会工作济贫实践的不断发展，社会中的救济需求越来越多，被救济者对满足其需求的服务提出的要求也越来越高，社会工作越来越受到社会各界的关注，此领域的实践者和研究者要求建立社会工作专业的呼声也越来越高。1915 年，亚伯拉罕·弗莱克斯纳（Abraham Flexner）的《社会工作是专业吗?》一书出版，在该书中他提出了将一种职业发展成为一个专业的六个条件，包括伴随个人责任的智慧性操作、构成素材来自科学与学习、这些素材逐渐达成实用且轮廓分明、拥有可教育的沟通技巧、朝向自我组织和逐渐在动机上成为利他性。① 以此“六个条件”为基础，他认为社会工作还不能称为专业。1917 年，玛丽·埃伦·里士满（Marry Ellen Richmond）的《社会诊断》一书出版，她认为社会工作是借助一个系统来收集材料并理解个人的、有组织的方法，它是一个用特殊方法来实现改变的过程。② 在此背景下，社会工作被确立为专业，拥有一套独立的、可被传授的知识体系，研究者也开始了对社会工作理论的探索。20 世纪 20 年代至 30 年代，精神分析理论在社会工作领域影

① Flexner A. *Is social work a profession? In Proceedings of the National Conference of Charities and Correction*. New York: Columbia University Press, 1915.

② 顾东辉：《社会工作概论》，复旦大学出版社 2008 年版，第 65—66 页。

响巨大，米尔福德(Milford)等人提出将精神分析学说与个案社会工作相结合，个案社会工作由此建立在科学知识和科学分析的基础之上。此后，社会工作理论进入一个多元发展的时期。20 世纪 30 年代至 60 年代，社会工作竞相从心理学、社会学等学科借用指导性理论，出现了心理分析学派、功能主义学派、系统学派的社会工作观。此后，社会工作又逐步发展出特定的实务工作模式和过程理论，如危机介入模式、任务中心模式、心理—社会模式、社区工作模式等。社会工作开始形成以社会工作专业为研究对象的、专门性的理论学说和工作方法。

第二，反贫困社会工作专业课程得以开设。随着社会救济和社会保险等领域社会服务需求的不断增加，这些领域的服务需求者对服务提供的专业化水平要求逐步提高。在此前提下，社会工作教育活动得以展开，逐渐形成了以社会工作理论和方法为教学内容的高等教育模式，以提高服务提供者的专业技能和专业服务的质量。例如，1893 年英格兰建立了两年制的慈善培训学校；1898 年纽约慈善学院(1962 年更名为哥伦比亚大学社会工作学院)开始试行为期 6 个星期的暑期课程来培训受薪的社会工作者，1904 年将培训时间延长至 1 年，随后又延长至 2 年；1910 年美国哥伦比亚大学和芝加哥大学开设了社会工作课程；1919 年美国成立第一个社会工作专业教育组织——美国专业社会工作训练学院协会(American Association of Schools of Social Administration)，确定了社会工作专业课程及教学标准。20 世纪 30 年代末期，美国出现了两年制的社会工作硕士学位课程。20 世纪 40 年代至 50 年代末期，社会工作教育在美国、英国、荷兰、挪威等国家形成普及趋势。在这些国家，面向不同人员的社会工作教育都被发展出来，逐渐形成了从本科教育到博士教育的完整教育体系及模式。①

第三，社会工作向职业化迈进。19世纪末，社会工作的职业化发展开始推进，其主要服务领域仍然集中在贫困领域。例如，美国马萨诸塞州慈善委员会为解决居民物质匮乏、道德堕落和疾病等社会问题的服务人员提供了受薪职位；1877年，美国布法罗慈善组织会社聘用受过训练的友善访问员，由他们与服务对象建立联系，并调查申请救济者的经济状况；1886年，美国兴起了睦邻组织运动，此项运动倡导在贫穷社区内开展服务性活动。自此，社会工作逐步向职业化的阶段迈进。社会工作者开始以问题导向型的视角去看待申请救济者的问题，致力于解决他们的问题，这极大地促进了社会工作的发展。

这一时期的社会工作在参与救助济贫的过程中开始运用专业的知识和方法处理社会问题，逐步形成了自己独特的研究领域、理论体系和研究方法。社会工作在科学理论的指导下，关注弱势群体，把他们存在的问题归因于社会结构的不合理、社会资源分配的不均衡等，更加注重提升弱势群体自身的发展能力。

（三）制度性的反贫困社会工作（20世纪50年代末至80年代）

第二次世界大战之后，贫困问题再次成为各个国家面临的严峻挑战。而此时社会工作已经发展成为解决贫困问题的独特手段，成为不同国家或地区实施社会保障、社会福利、社会救助的重要制度性措施，在预防和解决

① 范燕宁：《社会工作专业的历史发展与基础价值理念》，载《首都师范大学学报（社会科学版）》2004年第1期。

各种社会问题、保障人民生活质量、维护社会稳定、促进人类发展等方面发挥着重要的作用。一些发达国家和地区的政府非常重视社会工作专业的发展，将社会工作作为地方政府的重要工作内容之一。20 世纪 60 年代以后，英国、美国、德国、挪威、瑞典以及我国香港地区等都形成了比较成熟的社会工作"代理系统"。社会工作机构与政府保持代理合作的关系，充当政府的社会保障、社会福利、社会救助体系的补充和延伸。因此，这一阶段的社会工作是社会福利制度的重要组成部分，是政府进行社会管理和社会救助的重要工具。

（四）增权取向视角下的反贫困社会工作（20 世纪 80 年代至今）

20 世纪 80 年代以来，世界各国的社会福利和社会工作体制发生了很大的变化。在经济全球化和新自由主义思潮的影响下，第二次世界大战福利国家形成的社会福利及社会工作体制逐渐向混合福利的模式转变。混合福利模式注重引入市场机制、鼓励社会各方积极参与、强调个人应该承担更大的社会责任。[①] 因此，在市场化背景下发展起来的社会工作逐渐增加了对社会公平、社会秩序、社会权利、社会制度、社会问题、社会失范、社会矫正、社会工作价值、社会工作方法等内容的关注，一些社会工作服务机构和社会工作者，在其价值理念和工作方法上也更加倾向个人与社会的多元互动、强调服务对象的社区参与、重视边缘社会群体的利益。[②] 社会工作越来越关注个人的权利实现，主张维护服务对象的权益。

社会工作领域的学者们也通过各种努力促进社会工作在维护弱势群

① 范燕宁：《社会工作专业的历史发展与基础价值理念》，载《首都师范大学学报（社会科学版）》2004 年第 1 期。

② 同上。

体方面发挥重要作用。2014 年，国际社会工作者联合会（International Federation of Social Workers）在澳大利亚墨尔本召开联合会议，对社会工作做出了新的定义：社会工作是以实践为基础的职业，是促进社会改革和发展、提高社会凝聚力、赋权并解放人类的一门学科；社会工作的核心准则是追求社会正义、人权、集体责任和尊重多样性。[①]

通过对反贫困社会工作发展阶段的梳理，我们不难发现，贫困问题贯穿于社会工作发展的始终，社会工作也一直致力于贫困问题的解决，两者相辅相成。随着社会工作参与反贫困进入不同的阶段，社会工作的服务方法、服务内容、服务领域也在发生着改变。尤其是在服务内容上，反贫困社会工作由单纯的扶贫济困、解决贫困人口基本的生存问题，转变为促进人的全面发展。

二、社会工作参与“扶志扶智”的过程演进

在个人层面上，社会工作除了满足服务对象的基本需求外，还关注服务对象的自我发展和自我实现，强调对贫困人口的自我发展意识和自我发展能力的培育。在社会工作的话语体系中，这被称为“助人自助”。“助人自助”不仅是社会工作的核心理念，而且是社会工作的宗旨和目标，更是反贫困工作中“扶志扶智”的目标追求。

“助人自助”的价值理念强调充分挖掘和利用服务对象的潜能，以提升服务对象解决问题的能力。概括来说，“助人自助”可以从“助人”和“自助”

① 张和清、闫红红、尚静：《社区为本的农村社会工作实务模式探索——国内外农村社会工作研究文献的综述》，载《学海》2019 年第 2 期。

两个层面来理解。“助人”即社会工作者秉持社会工作的价值理念，运用科学的知识和专业的方法帮助服务对象解决其所遇到的问题，以满足服务对象的需求；“自助”即社会工作者在“助人”的过程中挖掘服务对象的潜能，培育服务对象自我发展的能力，以使其能够适应社会生活、正常发挥社会功能。“助人自助”还是社会工作任务目标和过程目标的体现。从某种程度上来讲，过程目标的意义甚于任务目标。在社会工作服务中，服务对象要解决自身所遭遇的问题离不开外部的支持和帮助，但其个人具有的能力和素质才是解决问题的关键要素。因为个人能力的提升不仅有利于解决其现时的困难和挑战，而且有助于克服其自身能力的不足，培养其解决困境的能力。“助人自助”的关注点不仅在于解决服务对象实际遇到的困难，而且在于帮助其增强自身的能力、克服遇到的各种困难，从而使其能够更好地适应社会生活、发挥社会功能。

社会工作“助人自助”的价值理念和目标追求可以追溯到社会工作发展的早期。“助人自助”最早见于《伊丽莎白济贫法》，该法案在承认政府济贫责任的同时，建立了初步的救济行政制度。根据工作能力的不同，贫民被划分为体力健全者、不能工作者、失依儿童三个类型。针对不同类型的贫民，政府应采取不同的救济方式。对于体力健全者，也就是具有工作能力的贫民，政府要求他们进入“感化所”或“习艺所”工作，以工作换取救济。对于体力健全的无家可归者或无业游民，政府设立“救贫所”进行收容救助，强制其在收容所工作。对于不能工作者，如患病者、老年人、残疾人、精神病患等人群，政府采取“救济院”或“院外救济”的方式对其进行帮扶。对于失依儿童，如果父母或祖父母不能供养他们，政府就让他们在儿童“习艺所”习艺。英国社会救助的一些做法，如强制工作、教习技艺，强调了贫民在困境中拥有自我改善的力量，进一步指出了贫民应该为自己的处境负责。

德国的汉堡制与爱尔伯福制也采用了“助人自助”的救济方法。汉堡制强调围绕激发贫民的工作动力和提升贫民的工作能力展开服务，如为失业者介绍工作、把贫苦儿童送往职业学校学习等。为了不使贫民养成依赖的心理，爱尔伯福制进一步规定：向贫困群体提供的赈济款的标准是最低标准，仅可维系他们最基本的生存。德国汉堡制和爱尔伯福制都遵循了“助人自助”的理念，这两项制度均强调要摒除贫民的依赖心理，并且设置了相应的组织管理架构和保障程序。此后，英美慈善组织会社注意到非贫民的知识分子与贫民共同生活对贫民的知识和能力具有改善作用，可以进一步促进社会贫困问题的合理解决。因此，他们提出让部分受过高等教育的非贫民与贫民共同生活，让贫民获得享有文化生活的机会。这些实践活动隐含着社会工作“助人自助”的理念与方法。

在早期反贫困社会工作实践的基础上，社会工作的价值观也逐步具体化。社会工作实务是一个道德实践的过程。① 在反贫困社会工作中，学者们对社会工作服务对象的价值有如下表述：每个人都有自我实现的权利，而且都具有达成目标的能力②；每个人具有与生俱来的价值和尊严；每个人都有追求更满意生活的动机和能力③；每个人都有获得资源以解决问题并发展潜

---

① 顾东辉：《社会工作概论》，复旦大学出版社 2008 年版，第 46 页。
② 陈树强：《社会工作的实质：历史的观点》，载《中国青年政治学院学报》1994 年第 4 期。
③ Armando merales, Bradford W. *Social Work: A Profession of Many Faces*. Boston: Allyn and Bacon INC, 1995.

能的权利，每个人也都有拥有适当资源以获得成长和发生改变的权利。概括地说，反贫困社会工作者主张相信贫困人口拥有自我实现的能力，也具有成长和改变的动机与能力，只要社会给予贫困人口发展所需的条件，贫困人口便有可能获得自我实现。反贫困社会工作的目标是激发贫困人口改变贫困境况的意识和培育贫困人口发展的能力，这也是社会工作"助人自助"价值观的体现。

同时，社会工作理论在发展过程中也逐步呈现对服务对象意识改变和自主发展能力的重视。例如，人本主义理论认为每个人的价值都值得尊重，强调社会生活中人的主体作用。尊重个体的价值在一定程度上成了指导社会工作实践的一般哲学立场。赋权理论认为，个体或社会群体之所以无力、无权，是因为"缺乏技巧、知识或物质资源及情绪管理能力，以致他们无法扮演令自己满意的重要的社会角色"。① 所以，服务对象是其自身问题解决的主要力量，社会工作者要为服务对象有效解决问题提供有效支持。

反贫困中的"扶志扶智"强调贫困人口的"自助"，强调社会工作者通过专业服务的提供，促使贫困人口的意识觉醒和能力提升，以达到贫困人口顺利融入社会、正常发挥社会功能的目标。一方面，"助人自助"有其丰富的价值基础。社会工作始终坚持人有与生俱来的价值和尊严；人都希望能够做出改变，而且也有能力做出改变；人都有能力和动机去追求更美好的生活。所以，"扶志扶智"的社会工作在解决贫困人口的问题和满足其需求的同时，

① Solomon B B. *Black Empowerment: Social Work in Oppressed Community*. New York: Columbia University Press, 1976.

也维护了贫困人口的尊严，彰显了贫困人口的权利和能力。另一方面，“助人自助”具有必要性。从权利维度来说，贫困人口需要有参与自身生活的权利；从责任维度来说，解决贫困问题的首要责任人应该是贫困人口自身；从策略维度来说，贫困人口最了解自身问题的特点及其产生的原因，从而有利于他们发现解决问题的方式方法；从目标维度来说，“助人自助”有利于贫困人口在实现目标的过程中感受自身的价值和能力，获得多元成长；从效果维度来说，只有来自贫困人口的自发改变才更有意义和更具持久性。因此，反贫困就要“扶志扶智”，让贫困人口通过“助人自助”这一过程彰显个人的生命力量。

第二节　社会工作参与反贫困的经验启示

贫困问题是世界各国面临的共同挑战，扶贫济困是社会工作的重要使命。在全面建成小康社会阶段，我国的反贫困取得了重大的成就，同时也面临着严峻复杂的挑战。社会工作因其与反贫困具有发展上的同源性、价值理念和目标上的一致性，在反贫困领域具有先天优势，这使得社会工作参与反贫困的理论解释更有效、方法适应性更强，也更能有效实现反贫困的目标。通过社会工作参与反贫困的实践探索，“扶志扶智”的社会工作实践应以“以人为本”为价值取向，以赋权增能为工作方法，以多维整合为工作策略，发挥社会工作在贫困人口精神脱贫中的作用。

一、社会工作参与反贫困的优势

社会工作是兼具理论内涵和实务特性的学术概念，是与扶贫工作高度关联的专门活动。[①] 社会工作与贫困治理之间存在密切联系，已经成为反贫困领域中社会工作研究的基本共识。

（一）发展上的共源性

贫困是伴随着人类发展而出现的一种社会现象。反贫困工作因应贫困而生，社会工作的产生是与反贫困紧密联系在一起的。反贫困是社会工作的起点，贯穿于社会工作发展全过程。[②] 社会工作最早起源于西方工业化初期的访贫问苦、慈善救助活动。社会工作在回应贫困问题的过程中逐渐规范化和制度化，最终发展成为专业化的社会工作。随着英国率先完成工业革命，其社会中出现了两种截然不同的景象：一方面，社会生产力的提高促进了经济的快速发展；另一方面，生产力的提高冲击了原有的社会结构，工业化和城市化的发展进一步加剧了社会的贫富分化，许多农业劳动力失去了工作，逐渐沦为贫困者。为了解决社会的贫困问题，英国出现了早期的社会工作萌芽，部分宗教人士和社会人员开展了一些扶贫济困的实践。直到 1601 年《伊丽莎白济贫法》的颁布，才逐步明确了政府在救济事业中的责任，建立起社会救济制度。这标志着社会救济事业的开端。此后，美国、德国等资本主义国家为解决由工业革命引发的贫困问题，也相继实施了多种适合本国国情的救济制度，这在一定程度上促进了社会工作的形成与发展。

（二）理念上的一致性

社会工作是一种以正向价值观为指导的、专业的助人服务活动，其价值

① 顾东辉：《精准扶贫内涵与实务：社会工作视角的初步解读》，载《社会工作》2016 年第 5 期。

② 向德平、姚霞：《社会工作介入我国反贫困实践的空间与途径》，载《教学与研究》2009 年第 6 期。

观以人道主义为基础，体现了服务人类、维护正义、促进公平以及人与社会协调发展的理想追求。可以说，基于人道主义的价值观是社会工作的灵魂。社会工作所持有的助人理念是反贫困事业的出发点，也是反贫困事业的最终目标。反贫困社会工作服务要求把贫困群体基本生活的改善和福祉的增进放在首位[①②]。社会工作强调尊重人的价值与权利，注重人的能力的提升，透过个别化的原则，协助个人发展潜能。[③] 值得一提的是社会工作的助人理念，它表达的是社会工作者运用专业的知识和技术为服务对象提供服务和帮助，通过激发和挖掘服务对象的潜能，提升服务对象的能力，促使服务对象自己面对困难、努力生活，运用自己的资源与能力去解决生活中的困扰和问题，以及预防未来可能出现的新问题。社会工作强调的是提升服务对象解决问题的能力，增强服务对象独立面对困难的勇气。

部分人群之所以会陷入贫困，是因为受地区文化、基础设施、行为习惯、生活理念等多重因素的交互影响，而人们陷入贫困最直接的表现是其经济收入不能维持其日常基本生活。除去经济收入难以维持自身温饱的情况之外，贫困人口还容易形成自卑、保守、封闭、缺乏自信、对生活和未来失去信心等消极心理。因此，反贫困的目标是帮助贫困人口摆脱贫困，提升贫困人口生存和发展的能力，使其不再陷入贫困。社会工作的目标与反贫困的目标不谋而合。从任务目标上来说，社会工作是通过专业服务，使贫困人

---

① 王思斌：《精准扶贫的社会工作参与——兼论实践型精准扶贫》，载《社会工作》2016年第3期。

② 高飞、向德平：《专业社会工作参与精准扶贫的可能性与可及性》，载《社会工作》2016年第3期。

③ 成元君：《城市扶贫与社会工作的介入》，载《学术交流》2007年第09期。

口获取满足基本生活所需的经济收入、回归正常的生活、发挥正常的社会功能;从过程目标上来说,社会工作的专业服务能够让贫困人口在沟通能力、社会适应能力及学习能力等方面获得不同程度的提升,进而提升贫困人口的综合素质和能力,促进贫困人口建立自信,重新点燃其对生活的激情。

(三)目标上的契合性

反贫困工作是我国社会建设和社会治理的重中之重,也是我国实现全面建成小康社会的重要战略部署。反贫困工作就是要解决长久以来困扰我国的贫困问题,实现我国的繁荣昌盛。社会工作作为从扶贫济困中产生的专业力量,在参与反贫困工作中可以发挥重要的作用,它不仅能够为解决贫困问题提供物质帮扶,还可以从精神、人文等层面解决"贫根"问题。社会工作是一种专业性、职业性的活动,它与社会问题相伴而生。虽然各国政府、社会组织倡导社会工作发展的出发点和推动方式存在差异,但其目标具有高度相似性。总的来说,社会工作的目标有宏观和微观之分。从宏观层面来说,社会工作的目标是解决社会问题,维护社会稳定,促进社会的公平、公正。从微观层面来说,社会工作的目标是解决服务对象所存在的问题,协助服务对象解决现实困难,挖掘和激发服务对象的潜能,发展服务对象的能力。不管是从反贫困的角度,还是从社会工作的角度,两者都要求在解决贫困人口现实的经济问题的同时,进一步巩固贫困人口自我脱贫的信念和能力。由此可见,社会工作的目标与反贫困的目标具有高度的契合性。

(四)理论解释上的有效性

传统意义上的扶贫通常是基于问题视角的,将贫困人口的贫困归因于物质缺乏、资金不足、技能落后、文化教育落后、交通不便，以及生活方式、行为习惯的落后等因素。问题视角下的扶贫通常侧重于物质帮助（如生产生活物资支持、资金支持等）。有别于问题视角下的扶贫，新时代的精准扶贫强调精准，即精准识别每一户贫困家庭、每一个贫困对象，对不同贫困人口进行分类施策、因人施策，在提供有效物质帮助、技术帮扶、就业帮扶、产业帮扶、资金支持和政策支持的基础上，更加强调贫困人口自身的主观能动性，由被动接受的“输血式”扶贫转向积极主动的“造血式”扶贫。单一的理论视角已不能满足新时代反贫困实践的需要。

社会工作在发展的过程中形成了许多科学的理论，如优势视角、赋权理论、生态系统理论、人本主义理论等，这些理论基本遵循尊重人的价值与尊严，倡导采用潜能挖掘、能力建设、环境营造等方式改变服务对象的处境。将社会工作理论运用到反贫困工作中，能更精准地把握贫困的产生原因与发展特征，从而找到解决贫困问题的根源。由此，贫困问题不再是单纯的经济问题，而是由贫困衍生出来的一系列复杂的社会问题。致使部分人口陷入贫困的原因也是多元复杂的，除了经济收入低且不稳定、患病、自然资源匮乏、基础设施落后外，教育程度低和脱贫意识缺乏这两大因素也不可忽视。社会工作的理论能够更准确地解释贫困问题，从而有针对性地提出解决的措施。例如，赋权理论认为，贫困人口的潜能得不到充分发挥，社会资源得不到充分利用，导致贫困人口自信心不足、自我效能感弱，甚至缺乏与贫困斗争的勇气和信心。社会工作者在科学理论的指导下，通过专业服务让贫困人口充分利用和挖掘社会资源、发展自身能力，使其找到脱贫致富的方向。

（五）方法上的适应性

反贫困工作需要找到切实且有效的工作方法和策略，更需要专业知识和技术的支撑。社会工作是具有实践性、应用性的助人专业与职业。在工作方法方面，反贫困工作要求实现精准识别，对贫困问题进行评估，突出问题导向，强调各扶贫力量之间的协调①。社会工作也强调对服务对象问题和需求的评估②，强调运用专业的方法开展关系调适、技能提升，强调对各种资源的动员与整合③。社会工作是解决贫困问题的专业力量之一，其三大工作方法可以在反贫困服务中发挥重要作用。

第一，社区社会工作方法的介入。社区社会工作方法是以社区为单位，在社区反贫困的行动实践中发展出来的一种专业工作方法④。从服务对象上来说，它以贫困社区和贫困人口为服务的主体；从服务方式上来说，它倡导以充分调动和挖掘社区资源、发动和组织社区居民自助或互助为主，以争取外部援助为辅；从服务目标上来说，一方面是系统地、有计划地、有步骤地解决社区公共性或功能性问题，另一方面是培育社区居民自助、互助和自觉的精神和能力，从而改善社区关系。社区工作方法在增能视角、发展性社会工作、资产为本的社区发展模式及地区发展模式等理论和实践模式的指导下，通过对社区经济、文化、权利及能力等的介入，协助贫困人口逐步克服贫

① 王思斌：《精准扶贫的社会工作参与——兼论实践型精准扶贫》，载《社会工作》2016年第3期。

② 马晓晗、向德平、顾东辉、张和清、向荣：《教育扶贫：贫困地区社会发展的智力支持之源》，载《中国社会工作》2018年第4期。

③ 同①。

④ 王思斌：《我国农村社会工作的综合性及其发展——兼论“大农村社会工作”》，载《中国农业大学学报（社会科学版）》2017年第3期。

困文化带来的消极影响，培养出新的价值观念、新的行为方式和新的个性心理特征，改变贫困人口过去错误的理想信念、封闭心理，增强其参与社会生活的意识和能力，加强社区贫困人口之间的相互信任，构建其社会资本；协助贫困人口参与经济生活和社会生活，积累个人及社区资产，树立他们的脱贫信念和信心；协助贫困人口发展自助或互助能力，实现贫困人口及贫困社区的整体性发展。

第二，小组社会工作方法的介入。在小组社会工作的过程中，社会工作者可以鼓励和动员有相似爱好或共同爱好的贫困人口聚集在一起，借助团体的力量，着重发展贫困人口的社会支持网络。例如，可以选择运用支持小组、自助小组、赋权小组、成长小组、教育小组等类型的小组，以不同的小组形式帮助面临不同问题的贫困人口获得成长和改变，尤其是在他们的脱贫信念和能力建设方面，助力其摆脱贫困。具体来说，社会工作者可将已脱贫的人口与贫困人口安排在同一个成长小组中，通过他们之间的交流分享，让贫困人口了解已脱贫的人口是如何通过自身的努力实现脱贫的。小组工作者通过对比双方的心理及目前的生活状况，引导贫困人口认识到通过自身努力过上美好生活是一件极其重要且也是自己可以做到的事情，以此来增强贫困人口脱贫的信心与勇气，使其不断发掘自身潜能，实现成长与改变。①

第三，个案社会工作方法的介入。在个案社会工作的过程中，社会工作者在帮助贫困人口解决问题时，尤其要注重对其信念的重塑和能力的挖掘。社会工作者根据不同贫困人口的实际情况，采用个别化的方法对贫困人口

① 龚利姣、雷大霞：《精神扶贫的社会工作介入：助人自助视角》，载《产业与科技论坛》2019 年第 4 期。

提供服务。个案社会工作的部分服务对象是消极散漫、不思进取、安于现状的贫困个体或家庭，对于该类服务对象，社会工作者可以采用一对一的工作方式，在了解他们的需求、贫困程度、致贫的具体原因的基础上，与他们一起寻找脱贫的途径与方法，最大限度地调动他们自身的潜力与能动性。①

例如，对于因心理问题引发贫困的人口，社会工作者可以通过心理辅导和心理重建等方式对其进行介入，开展心理疏导、缓解心理压力、重塑理想信念，以增加其对生活的信心，帮助其走出自卑、封闭的心理，进而摆脱贫困；对于因缺乏能力而引发贫困的人口，社会工作者可以通过开展技能教育和培训，以及挖掘贫困人口自身潜能等方式，循序渐进地提升他们社会适应的能力，真正做到“授人以渔”和“助人自助”。

可见，社会工作的工作方法同反贫困服务需求有较强的契合性。反贫困要削减的是社会权利的贫困、知识的贫困、文化的贫困、资源的贫困、能力的贫困。社会工作不仅从微观层面帮助贫困人口疏导心理问题、重塑理想信念、激发脱贫的内生动力，而且从宏观层面帮助贫困社区营造一种积极进取、自力更生、相互信任、互帮互爱的和谐氛围，从而为贫困人口的脱贫致富建构一个良好的社会环境。

二、社会工作参与“扶志扶智”的启示

社会工作在反贫困服务中具有独特的专业优势②。社会工作能科学地

① 龚利姣、雷大霞：《精神扶贫的社会工作介入：助人自助视角》，载《产业与科技论坛》2019 年第 4 期。

② 李迎生、徐向文：《社会工作助力精准扶贫：功能定位与实践探索》，载《学海》2016 年第 4 期。

识别反贫困的工作对象，能精准地评估贫困人口的需求，能协助多类主体建立伙伴关系，能激发贫困人口的求助愿望、责任意识和自助能力①。由此，反贫困事业需要社会工作的积极参与。贫困的多样性和复杂性、贫困性质的转变、社会救助体系的不完善、专业化调查评估的缺失及贫困者参与的缺失②，都需要社会工作从现代性与可持续性出发来看待贫困人口的发展问题，充分发挥制度、机制、体制及政策等的联动效应。反贫困工作尤其需要借助社会工作的价值理念、价值原则和职业伦理③，为贫困人口提供辅导性、支持性与发展性服务，并通过有效的工作制度和方法为反贫困服务注入人性化、科学化的内容。同时，反贫困工作需要借鉴和吸取社会工作的过程智慧④，推动经济式扶贫向综合性扶贫发展，实现由“输血式”扶贫向“造血式”扶贫转变，促进“消极性贫困救助”向“积极性贫困救助”转变⑤，推进物质帮扶与精神帮扶的同步介入，为国家的贫困治理注入新的活力。社会工作参与“扶志扶智”的经验启示主要体现在如下三个方面。

（一）“以人为本”的价值取向

反贫困工作坚持“以人为本”的工作理念，关注贫困人口的生存状态和需求，通过政策、资源的提供切实解决贫困人口的困难。同时，反贫困工作

① 陈成文、姚晓、廖欢：《社会工作：实施精准扶贫的推进器》，载《社会工作》2016 年第 3 期。

② 李红波：《当前社会工作介入我国反贫困的必要性分析》，载《贵州社会科学》2011 年第 12 期。

③ 唐钧：《城市扶贫与可持续生计》，载《江苏社会科学》2003 年第 2 期。

④ 顾东辉：《精准扶贫内涵与实务：社会工作视角的初步解读》，载《社会工作》2016 年第 5 期。

⑤ 向德平、姚霞：《社会工作介入我国反贫困实践的空间与途径》，载《教学与研究》2009 年第 6 期。

还重视对贫困人口自身力量的激发，实现贫困人口由被动脱贫到主动脱贫的转变。“以人为本”是社会工作的价值理念之一。社会工作参与“扶志扶智”的反贫困过程，必须坚持“以人为本”，从贫困人口出发，转变他们的观念，激发他们主动脱贫的内生动力。

第一，通过“以人为本”构建平等的工作关系。受刻板印象的影响，人们通常会把贫困人口和“好吃懒做”“不思进取”联系起来。这种固化的刻板印象、僵化的认知模式，实质是一种社会不平等的体现。“以人为本”要求社会工作者理性地认知服务对象，与服务对象建立平等的关系。只有平等的关系状态才能让服务对象无障碍、无保留地表达自己，才会达到反贫困服务中对人进行重塑的目标。

第二，通过“以人为本”强化个人的潜能。社会工作的价值理念是坚信每个人都有与生俱来的能力。社会工作参与“扶志扶智”的反贫困工作，不仅要帮助贫困人口挖掘他们自身处理问题的能力，而且要尽可能地给予贫困人口一定的机会，激发他们运用资源解决问题的潜力。只有让贫困人口看到他们自身所具备的能力，获取运用自身能力解决问题的实践经验，他们才会有信心和动力不断激励自己改变现状，在进步的过程中体会改变的力量，进而坚定信念，积极摆脱自身困难的处境。

第三，通过“以人为本”维护贫困人口的参与权。平等主要体现为各种基本权利的平等。对贫困人口来说，参与权尤其重要。贫困人口需要拥有参与个人、家庭及社区生活的权利。参与意味着被某种特定的情境接纳，是一种平等的基本体现。贫困人口只有有机会、有途径参与各种社会生活和社会事务，才能在实践中积累经验和才识，也才能激发个人成长、满足自身的需要。参与还意味着贫困人口的发展目标、路径方法符合贫困人口自我决定的结果，符合贫困人口的需求，这也能进一步激发贫困人口参与脱贫的积极性、主动性和创造性。在反贫困工作中，贫困人口的参与具有重要的现实意义和作用，贫困人口参与其脱贫的程度影响着扶贫的实际成效。所以，反贫困工作需要有贫困人口的积极参与。

第四，通过“以人为本”突出增权。增权立足于贫困人口的无力感和无权感，重点关注贫困人口的个人能力，主要通过协助贫困人口重新获得或行使自己的权利的方式来实现贫困人口权能的提升。这一协助过程需要社会工作者与贫困人口一起基于扶贫计划和工作方案来采取行动，以提升贫困人口的能力，消除其无力感、无权感，从而达到增权的目的。增权的实质是赋予贫困人口权力，缓解他们所面临的不公平等现象，实现一定程度上的平等。

（二）以“赋权增能”为核心的工作方法

根据扶贫发展不同阶段的不同特点，我国采取了不同的扶贫策略，农村反贫困社会工作的工作视角也随之转变。整体而言，农村反贫困社会工作主要以问题视角和优势视角为指导。问题视角下的反贫困社会工作把注意力聚焦在贫困地区及贫困人口所面临的贫困问题上，以解决贫困问题为主要导向，在策略上倾向于采用直接的物质帮扶或间接的资源链接的方式开展扶贫工作。从短期来说，问题视角下的反贫困社会工作能缓解贫困人口的经济紧张问题，但从长期来说对贫困人口的可持续发展贡献较少。优势视角下的反贫困社会工作主要聚焦于贫困地区和贫困人口的能力、资源与优势，采用挖掘、激发能力和运用资源的方式来展开扶贫工作，不仅能解决贫困人口经济紧张的问题，还能满足他们的生存和发展需求，进而培养贫困人口的脱贫意识和能力。社会工作参与反贫困需要基于优势视角、增能视角来激发贫困人口的潜能，赋予贫困人口摆脱贫困的勇气和希望。“赋权增能”视角下的反贫困工作更具有针对性，能关注贫困人口的现实状况与可用资源，协助他们整合自身的优势。只有当贫困人口能更好地认识自己、接纳自己、鼓励自己时，反贫困工作才能更好地开展，扶贫方案才切实可行，贫困地区与贫困人口的可持续发展才会有更强的内驱力。

（三）以“多维整合”为策略的工作模式

社会救助和专项扶贫是推进实施反贫困工作的“两大抓手”。社会救助是为了防止穷人更穷而实施的一种托底保障制度，为贫困人口提供最基本的生活保障；而专项扶贫的目标更加明确，是为消灭贫困而实施的专门性政策措施。消灭贫困、防止返贫，实现贫困人口的可持续发展，除了要向贫困人口提供基本的物质帮扶外，还需要为其提供其他多种类型的援助。例如，政府为贫困人口提供接受教育的机会，提高其知识文化水平和专业技能，改变其传统的思想观念，使其通过自身的努力改变贫穷的境遇；通过提供小额信贷、种苗等方式为贫困人口提供参与产业发展的机会，体验参与社区整体发展的成就感和自豪感。贫困人口的多维脱贫需求促使社会工作采取多维整合的工作策略，全方位回应贫困人口在脱贫和发展中遇到的问题。贫困问题的多层次性决定了反贫困实践需要多维整合工作策略的运用。例如，贫困人口脱贫内生动力不足受到了教育缺位、知识贫乏的影响。而贫困人口教育缺位和知识贫乏又直接导致贫困人口对脱贫途径和方式缺乏清晰的认知。所以，社会工作开展教育扶贫是面向贫困人口提供的反贫困策略之一。而教育扶贫又是多层次的，涵盖了基础教育、高等教育、社区教育、职业教育等。此外，教育扶贫还具有转化定式、固化思维，形成正确的自我认知，树立正确的价值观、人生观等功能，能增强贫困人口的学习能力、理解能力、社会交往能力、社会适应能力等，进而帮助他们摆脱贫困。

第三节　反贫困社会工作对“扶志扶智”的关注

一、社会工作参与“扶志扶智”的反贫困实践的价值

传统的“输血式”扶贫在某种程度上强化了贫困人口“等、靠、要”的思想，这一观点在反贫困的理论和实务领域是存有共识的。而“造血式”扶贫倡导和鼓励贫困地区的贫困人口发扬自力更生、艰苦奋斗、自强不息的精神，这一观点受到了人们的普遍关注。放眼全世界的反贫困实践，在某些特定的情况下，“输血式”扶贫非常重要，而且还很有必要，但“造血式”扶贫是“输血式”扶贫的升级版本，它在保障贫困人口生存需求的同时，让他们自己有能力参与生产及扩大再生产，持续、永久脱贫。无论是从眼前还是从长远发展而言，“造血式”扶贫的脱贫成功率高、后劲足、可持续性强。因而，在“扶志扶智”的反贫困实践中，社会工作凭借专业的助人理念和方法，不仅能有效优化反贫困的政策选择、提升贫困人口的脱贫能力、激发贫困人口的内生动力，而且能整合贫困社区的社会资源、构建社会资本，实现内外联动的大扶贫格局。

（一）有利于优化反贫困的政策选择

社会工作不仅可以运用个案工作、小组工作以及社区工作等直接的工

作方法为贫困人口提供物质援助、心理支持、知识培训和认知行为矫治，还可以积极地去影响反贫困领域相关政策的制定及完善，提高扶贫政策、措施的针对性及优化贫困人口获得救助的政策选择。社会工作对反贫困的政策选择优化主要体现在两个方面：一方面，社会工作的专业属性和职业要求决定了社会工作者只有与贫困人口有紧密接触，才能了解贫困人口的特点与需求，以及反贫困政策实施各环节中存在的困难和问题，从而为反贫困政策的制定和实施提供建议，协助政策的制定者做出符合实际需要的政策选择；另一方面，作为社会政策的传递者和实施者，社会工作者将政策制定者与贫困人口进行连接。社会工作在反贫困政策的实施过程中，对社会政策进行系统评估，并为社会政策的修订和完善提出建议。[①]

从当前我国社会工作影响反贫困政策制定的实践过程来看，社会工作者主要以一种更加合理化、有序化的方式向政策的制定者提出建议，这既能提高解决贫困问题的精准性和有效性，又能有效协助政策制定者制定出符合民心所向的反贫困政策。在这一过程中，社会工作者不仅关注贫困人口的物质贫困问题，还关注他们的精神贫困问题，通过详细了解和分析每一户家庭、每一个贫困个体精神贫困的原因，结合实际的脱贫效果总结出有利于贫困人口精神脱贫的建议，并将这些建议进行梳理和总结，为政策制定者提供资料参考，有力地补充和完善了现行扶贫工作的不足之处。

（二）有利于提升贫困人口的脱贫能力

社会工作的专业优势在于运用“助人自助”的理念提升贫困人口的自我

---

① 刘勤：《社会政策：作为一种社会工作间接服务方式的探究》，载《齐齐哈尔大学学报(哲学社会科学版)》2016 年第 2 期。

脱贫能力，实现“造血式”扶贫，并将依托行政的外部支持转化为依托社区及贫困人口的自主自立发展。① 社会工作者开展的具体服务活动，不仅有利于协助贫困人口进行心理疏导、缓解心理压力、增强生活信念，而且有利于提升贫困人口的自主脱贫能力。

从以往的扶贫方式上看，我国的扶贫工作以政府为主导，企业、社会组织等社会力量为参与主体，向贫困人口提供资金等物资帮扶。虽然说此种扶贫方式在一定程度上满足了贫困人口的基本生活需求，但是其缺乏对贫困人口自主脱贫意识的培养，长此以往，容易致使部分贫困人口滋生严重的依赖心理，失去脱贫致富的强烈愿望和充足干劲。

社会工作参与“扶志扶智”反贫困则强调要淡化问题、突出优势、提升能力。社会工作者在帮助贫困人口解决贫困问题的过程中，重点运用优势视角，挖掘贫困人口自身存在的潜能，在服务中协助贫困人口运用、提升自身优势，实现“助人自助”。一方面，社会工作的介入能够协助贫困人口建立“自助”的理想，鼓励贫困人口从精神和观念上脱贫，激发他们脱贫的内生动力；另一方面，社会工作者通过链接和整合社会资源，将企业、社会组织及爱心人士吸纳进反贫困事业中，教授贫困人口脱贫致富的技能和本领，提升贫困人口的脱贫能力。

（三）有利于激发贫困人口的内生动力

反贫困工作的开展具有十分重要的积极意义，但是也可能在一定程度上带来两方面的消极后果：一是贫困人口的污名化。部分社会大众为贫困人口贴上了负面的标签，将贫困人口定义为社会中的弱者，认为他们毫无能

① 成元君：《城市扶贫与社会工作的介入》，载《学术交流》2007 年第 9 期。

力，只能依赖别人的帮助才能走出贫困。这种污名化直接否定了贫困人口的尊严和潜能，在一定程度上加剧了贫困人口的自卑心理，弱化了贫困人口的能力，这导致部分贫困人口可能因碍于情面而放弃接受帮助。二是对贫困人口的负向激励。有限性的扶贫资源会导致贫困人口之间的相互争夺，使贫困人口对外部资源产生严重的依赖心理，抑制贫困人口主动脱贫的积极性①。另外，长久的贫困文化对社会成员也有深远的影响。在贫困文化之下，贫困人口被贴上了好吃懒做、不思进取等负面标签。这种负面标签一方面导致了对贫困人口的严重社会排斥，造成贫困人口被直接推至社会边缘，成为社会弱者；另一方面导致了贫困人口的自我否定，因为在负面标签的影响下，贫困人口认为自己是无能的，没有自我发展的信念和动力。

社会工作参与“扶志扶智”反贫困实践具有两方面的积极效应：从短期来看，社会工作者可以协助贫困人口解决所面临的问题，开展能力建设，促进其提高适应社会的能力；从长远来看，社会工作能够帮助贫困人口疏导心理情绪、缓解心理压力、提高自我评价，使其意识到自己并不是扶贫路上的“绊脚石”，而是脱贫致富的主体力量。社会工作的介入增强了贫困人口对生活的信心，使他们摆脱自卑心理、树立积极进取的价值信念。

（四）有利于整合贫困社区的社会资源，建构其社会资本

我国要想推动反贫困工作的快速发展，提高扶贫成效，就必须在提升资源利用效率的同时，拓宽资源获取的渠道、丰富资源内容、增加资源总量，从而有效满足贫困人口的资源需求。社会工作者作为资源的链接者，一方面，

① 罗江月、唐丽霞：《扶贫瞄准方法与反思的国际研究成果》，载《中国农业大学学报(社会科学版)》2014 年第 4 期。

社会工作者通过策划相关的宣传活动，让更多的社会成员了解贫困现状，动员和鼓励社会力量成为扶贫事业中的一分子，并由他们带动身边的人共同参与，拓展贫困人口资源获取的渠道；另一方面，社会工作者要根据不同贫困人口的实际需求，联系爱心组织、爱心企业、爱心人士有针对性地参与扶贫服务。此外，中国自古就是一个“熟人社会”，亲戚、邻里之间的接触远远多于其他社会成员。因此，社会工作者可充分利用贫困地区的社会关系网络的资源优势，引导不同贫困人口之间的互帮互助，营造一个良好的社区环境，这种社区氛围有助于推动贫困人口脱贫信念的强化和自我能力的发展。

社会工作参与“扶志扶智”反贫困，一方面可以补齐政府扶贫的“短板”，既可以为贫困人口提供丰富的社会资源，如物质帮助、心理辅导、社会关怀等，又可以从精神、文化层面激发贫困人口的内生动力，帮助其摆脱贫困；另一方面可以整合社会资源，建构社会资本，为贫困地区输入源源不断的活力。贫困人口则在士气上得到鼓舞、在信念上得到重塑、在信心上得到增强、在能力上得到持续不断的发展。

二、社会工作对“扶志扶智”的反贫困实践的贡献

近年来，随着反贫困工作力度不断加大，各种惠农、助农政策持续落地，部分贫困人口形成了“安贫享乐”“我穷有人帮”的惯性思维，个别贫困人口好吃懒做、安于贫困，在思想上形成了“我穷我怕谁”“我穷我有理”的“精神贫困”现象。拥有依赖性思维的贫困人口安于接受国家救济扶贫，主动脱贫的意愿并不强烈，这也形成一种难以破解的恶性循环。特别是，贫困人口以

老弱病残等弱势群体为主。一方面，这些贫困人口习惯了过去政府“输血式”的扶贫方式，主动脱贫的积极性不高，严重影响了反贫困工作的整体进展。另一方面，长久以来的“输血式”扶贫让部分贫困人口逐步陷入“输血式”扶贫的福利陷阱。长期“输血式”扶贫所带来的福利陷阱既是扶贫过程中所产生的问题，又是“扶志扶智”工作开展面临的挑战，还是扶贫工作进一步推进的重要契机。“输血式”的扶贫模式不能从根本上帮助贫困人口有效脱贫。这就要求扶贫必须先“扶志”，要求从重塑贫困人口的志气、勇气、信心、意志力出发，从“输血式”扶贫的福利陷阱中突围出来。

社会工作从人的基本需要出发，采用专业的个案、小组、社区、社会政策等直接和间接的工作方法，能更好地关注贫困人口的思想状况，激发贫困人口的内生动力，更高效地推进我国反贫困事业的持续发展，也能够改变长期“输血式”扶贫带来的依赖思维。社会工作参与“扶志扶智”的扶贫新模式，能更加合理地配置扶贫资源，使扶贫资源发挥最大的社会效力。

（一）对于贫困人口：能够激发其潜能

马克思主义唯物辩证法认为，意识是人类特有的机能，精神世界是人类的一种主观意识。人的精神状态对其认识世界和改造世界具有重要的指导作用。反贫困工作是一个动态变化的过程。在这一动态变化的过程中，贫困人口是贫困的内因，是脱贫的主体。反贫困工作成效的体现，需要通过“扶志扶智”激发贫困人口的改变动力，发挥贫困人口的主体性作用；协助贫困人口形成正确的意识以指导行动。所以，社会工作采用“扶志扶智”的服务路径，致力于实现贫困人口思想观念与发展能力的双重转变。社会工作者，一方面通过“扶志”积极改变贫困地区贫困人口的精神面貌，振奋他们自力更生、艰苦奋斗的精神，另一方面通过“扶智”提高贫困人口的生产技术水平和提升综合素质能力。智力支撑是扶贫的关键之举，需要培育与教育两手抓。由此可见，只有将“扶志”与“扶智”相结合，激发贫困人口的脱贫动力和潜力，才能从根本上改变贫困人口落后的精神面貌和思想状态，使之有信心、有决心、有能力去改变贫穷落后的局面。

（二）对于政府：能够提高效率

俗话说，“授人以鱼，不如授人以渔”，在扶贫过程中从“鱼”向“渔”的转变不只是写法和词义的变化，更是一种由“被动拿来”到“主动获取”过程的变化。因此，转变扶贫思路、提高扶贫效益十分关键。

我国反贫困政策主要由政府制定并自上而下地推动实施。在反贫困政策制定的过程中，有些政策的制定者对贫困人口及其所处的环境深入了解不够，这使得部分政策在实施过程中无法有效落地。这种情况的出现在造成扶贫资源浪费的同时，也降低了扶贫的效率与效益。此外，一个不容小觑的问题是中国是一个熟人社会，这使得一些人在反贫困政策的落地过程中“钻空子”，真正贫困的人得不到帮助，而一些实际政策执行者的“熟人”却从中得到了实惠，人情扶贫、关系扶贫、应扶未扶现象的出现致使一些贫困地区陷入“年年扶贫年年贫”的怪圈。正因为如此，社会工作参与“扶志扶智”的反贫困实践，不仅仅有助于改变贫困人口的脱贫意识，还有助于转变脱贫干部原先的帮扶意识。社会工作介入“扶志扶智”的反贫困实践，通过专业社会工作者对贫困人口及其所在的环境进行评估，根据贫困人口的特点制订特定的扶贫计划，实施动态帮扶，使得扶贫服务更精准、更聚焦，从而更有效地提高反贫困工作的效率。

（三）对于扶贫工作：丰富扶贫新模式

以“扶志扶智”为代表的精神扶贫在扶贫开发中带来的是更为深层、更为持久的脱贫效应。扶贫不是简单地给钱给物，传统“输血式”扶贫的方法有利于扶贫工作的推进，但是容易滋生贫困人口“等、靠、要”“安于贫困”的依赖心理。“输血式”扶贫所带来的扶贫效益是短暂的、不稳定的，一旦政府的物质帮扶撤离就容易出现返贫的现象。要实现贫困人口真正的发展，还是需要通过“扶志扶智”来激发贫困人口脱贫的内生动力。只有让贫困人口有了脱贫的意识和行动，才能巩固扶贫的效果。国家鼓励社会各界参与扶贫工作，尤其是社会服务机构等非营利组织，他们的加入增强了社会扶贫的力量。因此，社会工作参与“扶志扶智”的反贫困实践满足了反贫困的需要，进一步丰富了反贫困的路径和方式。社会工作可以采用环境营造、教育扶贫、文化扶贫、产业扶贫、就业扶贫等多种扶贫方式相结合的方法，与贫困人口一起协力摆脱贫困的社会生活处境。与此同时，“扶志扶智”所带来的精神动力能够让社会工作者更清晰地了解贫困人口的内心想法，协助其树立脱贫光荣、扶贫光荣的良好风尚，也能够让贫困人口从“要我脱贫”转变为“我要脱贫”，激发贫困人口的内生动力，增强他们的脱贫信心。

（四）对于社会发展：更加稳定和谐

中共十八大以来，我国脱贫攻坚工作取得了前所未有的成绩，但在脱贫攻坚工作取得巨大突破的同时，许多深层次的问题不断显现。贫富差距过大会对社会稳定造成影响，脱贫后的返贫也容易使贫困人口产生更多的心理问题，甚至做出越轨行为，不利于社会的和谐与稳定。社会工作是以利他主义价值观为指导，以科学的知识为基础，运用科学的方法助人的服务活动。它能运用社会工作的理念、工作方法和专业技能来化解在经济建设和社会发展中出现的社会矛盾，帮助遇到困难的贫困人口摆脱困境，树立正确的“脱贫观”。社会工作参与“扶志扶智”反贫困实践，能协调国家与社会、个人与社会、个人与组织、个人与个人之间的关系，实现农村社会的稳定发展。因此，在经济欠发达地区，特别是贫困地区更需要社会工作的参与，需要加强社会工作人才队伍建设，培养大批的专业社会工作者，推动社会工作参与“扶志扶智”反贫困实践，通过专业社会工作的工作方法推进农村社会和谐、稳定发展，努力构建社会主义新农村。

第三章　社会工作参与“扶志扶智”的反贫困实践的可行性

我国反贫困工作在取得重大成就的同时，贫困人口持续发展还面临着不少问题和挑战。虽然贫困人口的经济贫困状况得以缓解，但是贫困人口的精神贫困问题日益凸显，因而亟须有新的力量、新的方法去破解贫困人口的精神贫困问题。社会工作是反贫困实践中重要的工作方法，社会工作队伍是一支重要的反贫困力量。近年来，国家相关政策的引导，特别是2017年8月《关于支持社会工作专业力量参与脱贫攻坚的指导意见》的出台，为社会工作者参与反贫困工作提供了政策依据。我国社会工作者积极响应国家政策的倡导，参与反贫困工作，深入贯彻落实《中共中央 国务院关于打赢脱贫攻坚战的决定》，扎扎实实俯下身子，充分发挥社会工作专业力量在困难帮扶、资源链接、能力提升等方面的正向作用。

第一节　社会工作参与“扶志扶智”的反贫困实践的外在机遇

一、“扶志扶智”：反贫困实践的新目标

自中华人民共和国成立以来，扶贫开发工作一直被置于重要的位置，尤其在改革开放之后，扶贫开发工作取得了卓越的效果。国家统计局数据显示，中共十八大以来，全国农村贫困人口累计减少 8 239 万人，贫困发生率从 2012 年的 10.2%下降至 2018 年年末的 1.7%，累计下降 8.5 个百分点。但经济增长带来的减贫边际效应逐渐递减，早期“输血式”扶贫引发的贫困人口“等、靠、要”现象越来越严重，这给彼时的脱贫攻坚事业、全面建成小康社会提出了严峻的挑战。2017 年 10 月，习近平总书记在中共十九大的报告中指出，“注重扶贫同扶志、扶智相结合”。在 2017 年年底的中央经济工作会议上，习近平总书记再次强调打赢脱贫攻坚战需要充分“激发贫困人口的内生动力”。

放眼全球的扶贫实践，我们可以发现教育水平、知识水平、思想道德素质及技能水平等是制约贫困人口脱贫发展的根本性因素。近年来，国家围绕贫困地区和贫困人口的增收与发展制定了综合性的帮扶措施，如改善生产生活条件、大力发展基础设施、发展特色产业、提供就业创业扶持和教育帮扶等，但是并未从根本上扭转贫困人口的生存状态，贫困人口的文化水平、知识水平、道德水平、技能水平仍然较为落后①。贫困人口生存和发展所

① 李潇、张红：《社会工作介入农村扶贫开发的可行性分析》，载《新西部(理论版)》2015 年第 24 期。

需要的各项能力还没能稳固地建立起来，抵御风险的能力较低、脱贫后返贫的风险仍然较大。此外，扶贫过程中甚至出现部分贫困地区或贫困人口为了获取政策支持和资金倾斜，不愿意“脱贫摘帽”，争当贫困县或贫困户的现象。

如此，“扶志扶智”在反贫困工作中的重要作用日益凸显。对贫困人口“扶志扶智”，是对贫困人口陷入贫困深层次影响因素的介入，是扶贫成效可持续的重要保证，是防止返贫的重要措施。通过“扶贫扶志”更新和完善贫困人口的自我意识，让贫困人口有更加清晰、理性的自我概念，激发贫困人口内在的发展需求，为贫困人口的自主脱贫提供驱力；制定短期和长期的发展目标，推动贫困人口参与各种反贫困行动和实践，体验自我掌控感，激发其自力更生、艰苦奋斗的精神。同时，“扶贫扶智”是提升扶贫效果的重要支撑。通过“扶贫扶智”，提升贫困人口的综合素质与综合能力，如通过医疗保障与救助及健康教育来提高贫困人口的身体素质；通过教育教学培训提升贫困人口的知识与技能；通过角色扮演、活动参与、典型示范学习、行为训练等方式提升贫困人口的社交能力、社会适应能力以及问题解决能力。“智”的提升需要通过教育来实现。教育与贫困有着难以割裂的关系。从整体上看，受教育程度较低是贫困地区的贫困人口的共有特征。受教育程度较低在一定程度上决定着贫困人口在市场竞争中处于弱势地位。这意味着贫困人口的劳动无法创造较大的经济效益，还意味着贫困人口无法获取收入较高且安全系数高的劳动岗位，无法在劳动力市场中获得有利地位，也就难以从根本上摆脱贫困，从而陷入贫困代际传递的恶性循环。

反贫困实践中新问题和新目标的出现，迫切需要各方扶贫力量的广泛参与，实现群策群力。旨在解决社会问题、维护社会稳定、满足弱势群体需要、解决弱势群体困难、挖掘弱势群体潜能的社会工作，要主动承担反贫困实践中的社会责任，发挥社会工作扶贫济困、助人自助的价值理念，以及专业、职业的服务优势，凝聚力量帮助贫困人口脱贫致富。社会工作参与“扶志扶智”的反贫困实践，可以通过扎根贫困社区、准确界定服务对象、评估服务对象问题的方式，将各项扶贫政策切实传递给贫困人口，让他们感受到国家的关怀与关爱，并树立脱贫与发展的责任感和主动性；可以通过对贫困人口进行有针对性的帮扶，如教育培训、心理援助、行为引导等，从根本上消除阻碍贫困人口脱贫与发展的各项制约性因素；可以通过为贫困人口挖掘可持续发展的深层次资源，最终达到持续脱贫的目标；可以通过技能培训使贫困人口摆脱“穷根”，让贫困人口树立起脱贫的信念；可以通过教育保障与救助阻断贫困的代际传递，鼓励贫困家庭加大对教育的投入，让孩子拥有知识和文化，进而成为家庭可持续发展的后备力量；可以通过为贫困人口提供更多的参与机会，保障贫困人口的参与权，协助贫困人口树立参与意识，积累发展经验、确立发展目标及形成较强的自我效能感；可以通过培育社区骨干，让最了解当地资源条件和发展基础的社区骨干在社区的脱贫发展中拥有一定的权利及义务，成为贫困社区发展的引领者、保护者、经营者和受益者。

二、贫困人口“志”与“智”不足的原因分析

扶贫要同“扶志扶智”紧密结合，注重激发贫困地区和贫困人口脱贫致富的内在动力，注重提高贫困地区和贫困人口的自我发展能力。[①] 脱贫攻坚

① 中共中央党史和文献研究院：《习近平扶贫论述摘编》，中央文献出版社 2018 年版，第 141 页。

战役要大力扶持的、要重点关注的是贫困地区和贫困人口所缺少并紧迫需要的物质及精神援助。贫困地区、贫困人口“志”和“智”不足，是共性且至关重要的问题。贫困人口或缺乏脱贫的信心、勇气、志气和意志力，或缺乏脱贫的能力和素质，或者两方面均不足。这里从贫困文化、贫困人口的自我意识及自我能力入手分析贫困地区和贫困人口“志”与“智”不足的原因。

（一）贫困地区的“贫困亚文化”

从区域视角看，贫困地区多属于老、少、边、穷地区，表面上看这些地区的贫困是由于缺乏一些发展的生产要素，但无论是经济发展规律还是具体实践都证明，除少数确实不适合人居住的偏远地区、须通过搬迁解决贫困的地区外，大部分地区只要能遵循发展的观念，至少能让辛勤劳作的人免于贫困。[①] 那么，在这部分地区生活的人为什么会陷在贫困中呢？一个可能性的解释就是受“贫困亚文化”的影响。人之所以陷入贫困与其所处的文化是相关的。贫困人口与其他人在社会生活中相对隔离，从而形成了脱离主流文化的贫困亚文化。[②] 这种贫困亚文化是贫困人口对贫困的一种适应，是一种生活方式、思维理念和价值体系。

贫困亚文化是制约许多贫困地区脱贫的重要因素。这些地区大多交通闭塞，思想观念落后，现代文明渗透不足。这里的一些人往往持有听天由命、消极无为的人生观，安于现状、好逸恶劳的幸福观，不求甚好、只求温饱的消费观，牢守田园、安土重迁的乡土观，小农本位、重农轻商的经济观，“等、靠、要”的度日观，多子多福、早婚早育的婚育观。所以，他们有一种强

① 陈心颖：《脱贫动力培育与扶志、扶智的协同》，载《改革》2017 年第 12 期。

② ［美］奥斯卡·刘易士：《贫困文化：墨西哥五个家庭一日生活的实录》，丘延亮译，巨流图书公司 2004 年版，第 89 页。

烈的宿命感、无助感和自卑感，不能在纷繁复杂的社会文化背景中去认识自己的困难。[①] 因此，我们首先需要通过“扶志扶智”对贫困地区和贫困人口进行思想脱贫、观念脱贫、精神脱贫，消除贫困文化带来的负面影响，如此才能激发贫困人口的内生动力，实现他们深层次的脱贫。

(二) 贫困人口的自我主体意识缺位

“输血式”扶贫不仅不能彻底有效解决贫困人口的问题，反而容易使其滋生出“等、靠、要”思想。如此，我们的扶贫方式从“输血式”扶贫向“造血式”扶贫转变，即从“授人以鱼”到“授人以渔”转变，是非常必要的。如果说“输血式”扶贫注重的是从物质上给予贫困人口帮助，那么“造血式”扶贫是从贫困人口的自身优势出发改变其生活状况。在扶贫政策的实施过程中，各类扶贫力量基本遵循先“输血”后“造血”的扶贫路径。但实际上“输血”容易“造血”难，“造血”的首要难点在于各类扶贫力量“扶智”的各项举措未必能“被接受”。部分贫困人口受自身知识、阅历、经验的限制，缺少接触新知识和新技能的途径，缺乏吸收新知识和新技术的能力，也就不能形成脱贫发展的主体意识，这导致他们对政府和社会提供的以“造血”为目的的知识技能培训不感兴趣；一些贫困户甚至把政府的小额免息贷款直接用于家庭消费性支出，对政府和社会援助形成依赖。[②] 随着扶贫政策支持力度的加大，部分贫困户“等、靠、要”思想日趋严重，并造成贫困户与非贫困户之间的矛盾。出现上述现象的原因在于贫困人口自我主体意识的缺乏，把自身脱贫和发展的责任交付给他人，将政府和社会的扶贫资源视作“免费福利”。

---

① ［美］奥斯卡·刘易士：《贫困文化：墨西哥五个家庭一日生活的实录》，丘延亮译，巨流图书公司2004年版，第158页。

② 陈心颖：《脱贫动力培育与扶志、扶智的协同》，载《改革》2017年第12期。

（三）贫困人口的自身能力限制

研究发现，大部分贫困地区人口素质偏低是贫困积累循环的关键因素。贫困地区内生"造血"能力不足，人口素质与全国平均水平有较大的差距。①在扶贫开发工作中，我们看到一些达到脱贫标准但不愿脱贫的现象。这些问题的背后潜藏着的是贫困人口自主发展信心与能力的欠缺。一是贫困人口对自己的发展能力信心不足。一些贫困人口在面对未来生产、生活中许多的不确定性时，基于自身发展能力不能形成有效成就行为的确定感，内心充满对未来生活的忧虑及不安，所以他们需要依靠扶贫政策等外部的援助来获得安全感与稳定感。二是贫困人口自身发展能力不足。一些贫困人口虽然在政府"扶一程"后，生活条件改善了，暂时走上了脱贫致富的道路，但是由于其精神上和能力上并没有多少改变，缺乏足够的自我发展动力和能力，脱贫效果不可持续；有些地方虽然政府给予了很好的扶持政策，但是受贫困人口自身能力限制，无法较好利用这些扶持政策，从而难以实现脱贫。

（四）扶贫政策的不完善

不可否认的是，在我国的反贫困工作取得巨大成就的同时，也滋养了一些"懒汉"，催生了部分贫困人口对政策的依赖。部分贫困人口的"懒汉"思想作为精神贫困的短板亟待解决。这部分贫困人口只等国家扶贫救济，不愿意主动脱贫，由此形成了一种难以破解的恶性循环。此外，由于某个时期的扶贫政策没有拉开梯次，进入帮扶序列的贫困人口会得到很多的优惠优

① 胡勇：《集中连片特困地区发展现状与贫困的根源探究——以武陵山区为例》，载《湖南农业科学》2013 年第 19 期。

待，而在帮扶序列之外的普通农户却受到较少的帮助。故此，一些处于脱贫边缘的人，他们会经常拿自己与“建档立卡贫困户”进行比较，他们会认为自己辛辛苦苦劳作反而没有“建档立卡贫困户”生活得悠闲自在。这种不均衡、不全盘考虑的扶贫方式造成了贫困户和非贫困户之间的不公平。由此产生的心理落差及实际所得的差距使非贫困户心存芥蒂，从而消磨了他们致富的斗志和干劲。

三、“扶志扶智”反贫困实践中的挑战

“扶志扶智”在反贫困实践中的作用得到了政府和贫困人口的肯定和重视，但是“扶志扶智”的反贫困实践仍有一些问题亟待解决。笔者将从贫困人口脱贫的内生动力、发展能力、地方政府及领导干部对精神扶贫的重视度、工作制度与机制以及文化氛围等方面，深入分析“扶志扶智”反贫困实践面临的挑战。

（一）贫困人口脱贫的内生动力有待激发

贫困的成因是多元的，包括客观因素和主观因素。其中主观因素主要体现为贫困人口存在不愿脱贫、不求致富的思想。近年来，政府对反贫困工作重视度逐渐提高，资源投入力度也越来越大。随着政府扶贫政策和措施的实施与落地，贫困地区和贫困人口的面貌都发生了较大的转变。贫困地区的经济和社会得到进一步的发展，贫困人口的生产和生活也得到进一步的改善。

但不可忽视的是，我国贫困地区的部分贫困人口因受受教育程度低、缺乏必要的工作技能、存在不良的生活习惯及不思进取等状况的影响，缺乏依

靠自己的劳动来实现脱贫致富的志气和信心。一些贫困地区出现了贫困人口“争当贫困户”“靠着墙根晒太阳,等着别人送小康”的现象。甚至还出现了部分贫困人口将本该自己做的农活放任不管,交给驻村扶贫干部来打理,心安理得地享受外来的帮扶的现象。这些现象与问题的出现明显违背了我国反贫困的初衷,也对反贫困实践造成了严重的负面影响。① 精神扶贫和物质扶贫是扶贫攻坚战的“车之双轮”,需要共同推进。

(二)贫困人口的发展能力有待加强

古语说,“授人以鱼,不如授人以渔”。打赢脱贫攻坚战,不仅需要激发贫困人口脱贫的内生动力,还要注重贫困人口的能力提升。教育扶贫在我国贫困治理体系中占据重要的位置。可以说,教育扶贫是反贫困的重要工作领域,是实现脱贫致富的重要手段,也是提高贫困地区软实力和提升贫困人口综合素质的根本措施。教育扶贫兼具“扶志”与“扶智”的双重功能,对阻断贫困的代际传递、稳固贫困治理成效等具有多重效用。但就贫困人口综合素质提升来说,贫困地区中小学教育基础设施较为薄弱、教师数量严重不足、师资水平普遍偏低、就读学生数量较少。近年来,教育扶贫在控保义务教育辍学方面有一定的贡献,但在保障教育公平、实现教育资源均等化、提升教学质量方面的贡献甚微。同时,大多数贫困地区的职业教育发展落后、发展水平低,职业教育发展的制度标准不健全,职业教育与培训体系不完善,这在一定程度上都延缓了贫困地区的脱贫进程。虽然近年来国家不断加大对贫困地区职业教育与培训的投入力度,但是供需之间依然是失衡

① 赵杰、刘尧、唐青生:《精准扶贫与扶志扶智的关系问题研究》,载《农村经济与科技》2018 年第 24 期。

的。因此，对贫困地区而言，教育是一个需要长期大力扶持的民生事业。加大对贫困地区教育的支持力度，努力让每个人都享有学习的机会，并通过学习实现自主发展，是社会工作在“扶志扶智”的反贫困实践中需要做出的努力。

此外，强化贫困人口在生产、经营、管理等方面的技能培训十分重要，它有助于提升贫困人口的生存和发展能力。但是，部分面向贫困人口的技能培训活动缺乏针对性、适用性和系统性，在推动就业及产业增收方面发挥的作用有限。具体表现在以下三个方面：一是供给与需求之间的不匹配。由于全国各地贫困地区的自然资源和社会环境的差异较大，有些贫困地区所开展技能培训的内容具有单一性和普遍性的特点，忽略了贫困人口个别化的需求，缺乏个性化设置，与在地的贫困人口的生产生活实际需要匹配度不高，影响了贫困人口参与技能培训的积极性。二是培训的适应性欠缺。一些面向贫困人口的技能培训还存在流于形式、不看重培训效果及实效性不强等问题，并不能完全适应新时期贫困人口内在发展的需要。三是现阶段培训项目缺乏系统规划。有些政府部门在培训项目、培训内容的选择、资源配置等方面欠缺全面精细的考虑和系统的规划，导致部分培训项目对贫困人口的脱贫带动作用不明显。社会工作参与“扶志扶智”的反贫困实践应该始终牢牢把握“扶志”与“扶智”相结合的目标，积极开展技能培训，努力增强贫困人口脱贫致富的能力，推动建立贫困人口脱贫的长效机制。

（三）地方政府及其领导干部对精神扶贫的重视程度有待提高

部分贫困地区的地方政府及其领导干部在扶贫开发过程中，更重视物质及经济扶贫，对“扶志扶智”等精神文化层面考虑不够、重视不足，这也使得扶贫工作的扶贫效果缺乏持久性与长效性。因此，我们应该认识到，以“扶志扶智”为代表的精神扶贫在扶贫开发中带来的是更为深层、更为持久的脱贫效应。扶贫不是简单地给钱给物，传统物质扶贫的方法有利于扶贫工作的推进，但是容易滋生贫困人口“等、靠、要”“安于贫困”的惰性思维。从历史趋势来看，反贫困工作推进时间越久，精神动力的作用越重要、越凸显[①]。“扶志扶智”所带来的精神动力能够让贫困人口从“要我脱贫”变为“我要脱贫”，激发贫困人口的内生动力，增强他们的脱贫信心。只有贫困人口的惰性思维改变了，他们不愿意脱贫的状况才能破除。对地方领导干部来说，在扶贫过程中不仅仅要重数据、重政绩、重时间，更应该注重扶贫工作的深层影响。地方领导干部应该加强对贫困村和贫困户实际需求的了解，设身处地为贫困人口排忧解难，制订符合他们需要的“扶志扶智”计划。另外，对贫困人口除了要注重精神扶贫外，基层干部也需转换扶贫重点，将实现贫困人口的精神脱贫作为重要的工作目标。一些贫困地区的基层干部存在文化素质不高、能力不强等情况，扶贫工作中干部及党员的先锋模范作用不明显，这在一定程度上会影响扶贫的成效，也会极大地影响“扶志扶智”的有效推进。

（四）“扶志扶智”的制度机制不完善

“没有规矩不成方圆”。党和政府针对我国反贫困工作制定了一系列富有成效的方针政策，但实际上“扶志扶智”的制度与机制还有待进一步完善和健全。制度规范建设、工作机制规范建设作为反贫困工作推进的重要保障，需要在“扶志扶智”的反贫困实践中逐步实现精细化、具体化和便于操作

① 宋圭武：《精神扶贫意义及对策》，载《甘肃农业》2018年第9期。

化。在我国反贫困工作中，“扶贫扶智”的精神脱贫工作不是一蹴而就的，富有成效的工作方法是通过不断地探索和修正才逐步获得的。如村级层面上的“扶志扶智”的反贫困工作在一定程度上处于概念层面，缺乏系统配套的制度规范引领和行动指导。这就导致了“扶志扶智”的反贫困实践缺少制度保障、缺乏效率，对帮扶者和被帮扶者缺乏相应制度规范加以监督、制约和引导。[①] 与此同时，地方政府做政策选择和项目选择时往往更加重视有形的产出，如基础设施建设、产业设施建设等，而一定程度上忽略了无形的社会效益、文化效益。由于“扶志扶智”反贫困工作在实践初期缺乏系统配套的制度规范，社会工作在参与“扶志扶智”反贫困实践时，就需要在贫困地区建立具有普遍适用、广泛遵循和富有权威的村规民约，对部分有惰性思维的贫困人口进行正向引导，协助贫困地区的贫困人口树立正确的价值观、人生观，践行正确的行为规范，努力构建“扶志扶智”的广泛共识。

（五）积极向上的文化氛围有待形成

由于我国的精准扶贫缺乏较为深厚的文化基础的支撑，我国反贫困工作的深度开展如无源之水、无本之木，难以从根本上保证和巩固现有的扶贫成果。2013 年 11 月，习近平总书记在山东曲阜视察时指出，一个国家、一个民族的强盛，是以文化兴盛为支撑，中华民族伟大复兴需要以中华文化发展繁荣为条件。这对弘扬优秀文化提出了殷切的期望和要求。实践证明，丰厚的文化底蕴能够为“扶志扶智”提供重要的思想基础。扶贫需与优秀文化相结合，通过多种方式和渠道，举办各类文化活动，能够在全社会营造良好

---

① 赵杰、刘尧、唐青生：《精准扶贫与扶志扶智的关系问题研究》，载《农村经济与科技》2018 年第 24 期。

的脱贫环境和氛围。但实际上,我国贫困地区的传统优秀文化正在逐渐消逝,贫困人口精神文化生活匮乏,贫困地区文化属性不明显。在反贫困的政策、措施设计中,文化性因素涉及也较少。此外,由于缺乏定期的政策宣讲教育活动,贫困地区积极向上的文化氛围仍未形成。这也对社会工作参与"扶志扶智"反贫困实践提出了更多的要求。社会工作参与反贫困实践有利于挖掘传统文化中有益于"扶志扶智"的部分,发挥优秀传统文化对人潜移默化的影响作用,改变贫困人口"等、靠、要"等惰性思想,激发贫困人口的内生动力。

第二节 社会工作参与"扶志扶智"的反贫困实践的重要依据

一、社会工作参与"扶志扶智"的反贫困实践的理论依据

反贫困作为一个随着时代变迁而变化的社会性事件,需要引入新的元素来推动其发展。社会工作参与反贫困进程是必然的选择,是专业性质的要求,也是反贫困工作的需要。《中共中央 国务院关于打赢脱贫攻坚战的决定》明确提出,要实施"社会工作专业人才服务贫困地区计划",这表明国家对专业社会工作力量的认可。社会工作专业力量在脱贫攻坚中能发挥重要的作用,特别是社会工作可以依托其专业优势,实施"扶志扶智"的工作策略,在激发贫困人口的内生动力、实现脱贫发展等方面贡献自己的智慧与力量。社会工作参与"扶志扶智"反贫困实践的理论依据主要表现在社会工作的专业方法、专业价值理念、实践角色及工作策略等方面。

第一，从专业方法上来看，社会工作能更精准地识别服务对象、准确地评估服务对象存在的问题。在反贫困实践的话语体系中，“志”和“智”两字是定性的概念，目前还没有形成共识性的测量体系，还不能精准测量。那如何识别哪些贫困人口在“志”和“智”两方面存在不足呢？社会工作者要往哪些具体的方向上实施改善呢？面对以上疑问，一方面，社会工作能够基于心理学、社会学等学科的理论知识设计测量工具，细致、深入地了解或测量贫困人口的“志”和“智”状况，更精准地识别服务对象。另一方面，社会工作秉持尊重、接纳、个别化、保密等价值原则，在生态系统理论的指导下，评估贫困人口各个子系统间的相互影响，准确识别贫困人口存在的问题、困难及需求，明晰社会工作服务的目标系统、行动系统、改变媒介系统和服务对象系统。此外，社会工作者还注重倾听贫困人口的声音，与贫困人口一起探索问题解决的办法，努力让贫困人口参与自己生活改变的进程，以使贫困人口形成主体感、责任感和力量感。简而言之，社会工作能基于自身的实践模式，有目标、有计划、有针对性地系统推进贫困人口、贫困社区及贫困地区的改变，既改变人也改变环境，实现人与环境的良性互动。

第二，从价值理念上来看，社会工作的价值理念与“扶志扶智”的目标追求不谋而合。扶贫济困是社会工作发展的起源，也一直是社会工作重要的服务领域任务之一。社会工作自诞生之日起就一直践行关怀、救助和帮扶①。社会工作倡导的助人自助、服务对象自决、尊重、接纳及个别化等价值原则与精神脱贫、“扶志扶智”反贫困实践所追求的目标是不谋而合的，即既

① 岳天明、李林芳：《民族村寨精准扶贫的社会工作借鉴——以甘肃文县T乡为例》，载《中央民族大学学报（哲学社会科学版）》2017年第6期。

重视贫困人口现实困境的改善，也关注对贫困人口发展潜力的挖掘。特别是贫困人口的个体差异性也需要精细化、专业化的社会工作的介入。从微观层面来说，每个贫困户的致贫因素是具有差异性的，以往巨额财政资金扶持下的“漫灌式”扶贫并不能从根本上解决贫困人口的脱贫问题，而社会工作通过个别化、差异化的工作原则能够帮助贫困人口厘清现实问题，找到问题背后的本质原因，并有针对性地实施介入，从根源上逐步消除致贫因素。

第三，从实践角色上来看，助人关系决定着反贫困工作的进程。社会工作者在反贫困工作中所扮演的角色各不相同，主要有服务提供者、增权者、教育者、倡导者等。在不同的服务阶段，面对贫困人口不同的困境与需求，社会工作者选取适当的角色有助于其与贫困人口建立紧密的信任关系，从而利于推动服务的进程，保证服务的成效。

第四，从工作策略上来看，社会工作与“扶志扶智”的反贫困实践均注重贫困人口的参与。在反贫困工作中，内源式发展和参与式发展成为贫困社区发展的新理念。此种理念弥补了过去“输血式”“嵌入式”的发展理念的缺陷，强调社会变迁是由社会内部文明所引发的，其关注社区人口的内生能动性，重视社区人口的主体性、自立性、参与性。内源式发展与参与式发展的理念是正确的，但在实际的操作过程中，由于贫困人口自身素质不高、贫困人口与职能部门之间获取信息不对称等，作为服务对象的贫困人口的意见与看法往往会被忽视，同时由于自身知识的局限，贫困人口在生计发展项目上参与度较低。反贫困工作提出的对贫困人口的“赋权”及“参与式发展”实际上仍然处于一种专业决策的阶段，这容易导致决策失误①。正因为如此，

① 朱晓阳：《在参与式时代谈建构“性别主体”的困境》，载《开放时代》2005 年第 1 期。

部分贫困地区提倡的参与式发展与内源式发展仅仅停留在表面，贫困人口的参与仅仅是徒有其表。这就需要社会工作参与“扶志扶智”的反贫困实践，采用自上而下和自下而上相结合的方式赋权贫困人口，有效动员、组织号召贫困人口，将参与式发展及内源式发展落到实处，让贫困人口自觉参与反贫困的实践，激发贫困人口的内生动力与脱贫活力，增强他们脱贫信心。

二、社会工作参与“扶志扶智”的反贫困实践的政策依据

我国出台的一系列关于社会工作参与扶贫服务、脱贫攻坚的方针政策，为社会工作参与反贫困工作奠定了重要的政策基础。在我国的反贫困实践中，社会工作具有扶贫济困、能力激发、心理援助等作用。国务院印发的《“十三五”脱贫攻坚规划》明确指出，进一步发挥社会工作专业人才和志愿者扶贫作用。制定出台支持专业社会工作和志愿服务力量参与脱贫攻坚专项政策。实施社会工作专业人才服务贫困地区系列行动计划。鼓励发达地区社会工作专业人才和社会工作服务机构组建专业服务团队、兴办社会工作服务机构，为贫困地区培养和选派社会工作专业人才。2016 年 10 月，民政部、中央综治办等 12 部门联合印发《关于加强社会工作专业岗位开发与人才激励保障的意见》（以下简称《意见》），该《意见》为社会工作专业人才能够更加深入开展扶贫服务提供了政策保障。该《意见》特别指出，落实国家为推动西部大开发，促进边远贫困地区、边疆民族地区和革命老区发展而制定的各项人才激励政策。对录（聘）用到艰苦地区工作的社会工作专业人才，同等条件下在提拔晋升、专业技术职务聘用（任）时优先予以考虑。这为社会工作专业人才发展提供了良好的后方保障，通过激励手段鼓励人才流动，

为西部、边疆等偏远地区的扶贫攻坚第一线提供了人力资源支持。2017年7月，《民政部 财政部 国务院扶贫办关于支持社会工作专业力量参与脱贫攻坚的指导意见》发布(以下简称《意见》)，该《意见》积极鼓励社会工作者参与脱贫攻坚工作，其中明确指出，充分发挥东部发达地区社会工作专业人才、资源优势，采用定点帮扶、对口支援、结对共建等方式帮助西部贫困地区发展壮大社会工作专业力量，开展专业社会工作服务。2017年10月，习近平同志在中共十九大的报告中指出："要动员全党全国全社会力量，坚持精准扶贫、精准脱贫，坚持中央统筹省负总责市县抓落实的工作机制，强化党政一把手负总责的责任制，坚持大扶贫格局，注重扶贫同扶志、扶智相结合，深入实施东西部扶贫协作，重点攻克深度贫困地区脱贫任务，确保到二〇二〇年我国现行标准下农村贫困人口实现脱贫，贫困县全部摘帽，解决区域性整体贫困，做到脱真贫、真脱贫。"至此，我国反贫困实践中的社会工作介入不仅拥有了合法的制度保障，而且获得顶层政策的支持。

社会工作专业人才拥有扎实的知识储备及丰富的实践经验，是精准扶贫、脱贫攻坚的一支重要的社会力量。党和政府出台的一系列支持社会工作参与反贫困工作的方针政策，为专业社会工作参与"扶志扶智"的反贫困实践提供了良好的发展机遇，也为打赢脱贫攻坚战奠定了良好的基础。

三、社会工作参与"扶志扶智"的反贫困实践的现实依据

随着反贫困工作的不断推进，我国贫困的特点由"物质性贫困"向"精神性贫困"、由"绝对贫困"向"相对贫困"、由"生存性贫困"向"发展性贫困"、由"持久性贫困"向"选择性贫困"转换，贫困的"隐匿性"更强了，这对反贫困工

作向纵深发展提出了更大的挑战。而以往的反贫困工作采用的方法已经不能很好地适应贫困发展的新特征，亟须社会工作的参与。

反贫困工作的现实困境需要社会工作给予专业回应。一方面，新时期贫困人口贫困的原因更加复杂，要求对贫困的识别要更加精准；另一方面，以往长期政府主导下的反贫困工作因为扶贫手段的单一化、行政化等弊端，出现了扶贫边际效应递减的情况①。反贫困工作的现实困境需要有新策略、新方法来化解。我国多年来的扶贫经验表明，贫困人口的教育水平、知识水平、思想道德素质、技能水平等已成为影响反贫困事业的根本性因素。我国贫困地区社会发展滞后、社会文明发展程度低。部分贫困人口思想落后、受教育程度不高、劳动能力不强、劳动技能弱、内生动力欠缺。其中，贫困人口精神贫困的影响力尤其突出。精神扶贫在扶贫开发中的地位越来越重要，而如何持续激发贫困人口的内生动力成为实现贫困人口脱贫的关键之举。正因为如此，面对反贫困工作中的新困境，社会工作运用社会工作的专业价值观、专业理论与方法，能够产生正向的作用，从而推动“扶志扶智”的反贫困实践向前迈进。

第一，社会工作者的价值理念为社会工作参与“扶志扶智”的反贫困实践提供方向指引。由于对依靠自身力量实现脱贫致富缺少自信心，加之传统的小农经济模式下收益的不确定性带来的不安全感，贫困人口面对生活中的困境很可能会采用一些非理性策略来应对，如依赖扶贫政策的供给，这增加了贫困人口脱贫后返贫的风险。一般来说，贫困人口呈现自卑、敏感的

① 向德平、刘风：《价值理性与工具理性的统一：社会扶贫主体参与贫困治理的策略》，载《江苏社会科学》2018年第2期。

心理特征。贫困人口自我封闭，不愿主动与人交流，存在一定的自卑感，而且敏感多疑。社会工作能充分考虑贫困人口自身的价值、意愿，充分分析贫困给贫困人口带来的影响。特别是，社会工作者在“扶志扶智”的反贫困实践过程中，会重点关注服务对象的感受，注重保护贫困人口的自尊心，并以此为契机，改变部分贫困人口“以贫为荣”的“等、靠、要”惰性思维，逐步帮助贫困人口明确自主自立的意义和价值，帮助其树立脱贫与发展的自信心，促使他们对社会工作者所提供的服务予以积极回应。

第二，社会工作者的角色特征为社会工作参与“扶志扶智”的反贫困实践提供了前提条件。社会工作者的角色特征包括积极的专业与职业认同感、良好的心理素质、助人自助的工作理念、同理接纳的沟通技巧、无条件的尊重等。社会工作者是社会公平、正义的追求者和实践者，其遵循助人自助的理念，围绕为弱势群体谋福利的宗旨，为有需要的人提供专业性的服务。助人是社会工作者的职业目标，也是其工作价值所在。因此，在面对贫困人口时，社会工作者具备良好的心理素质，如包容理解的心胸、稳定的情绪、坚忍的意志、忍辱负重的气度等，这些特质有助于他们与贫困人口进行沟通交流，建立良性的专业关系，提供适切的专业服务。此外，对贫困人口无条件地尊重与接纳是社会工作服务的基本价值要求。社会工作者关注、尊重与接纳贫困人口的人格、价值观、利益及他们的现状，只有这样贫困人口才愿意接受社会工作者并与其合作。社会工作者坚信每个人都有自己的优点与潜力，并确信贫困人口是可以产生正向改变的，即贫困人口可以通过自己的努力摆脱贫困，而不是仅仅依靠国家及其他力量的帮扶脱贫。

第三，社会工作专业服务可以更好地提高“扶志扶智”反贫困实践的效率。社会工作参与反贫困工作主要是通过政府购买服务的方式实现的。政府通过购买专业社会工作服务，推进社会工作服务机构参与反贫困工作。政府引导和支持社会工作服务机构参与贫困地区的反贫困工作，能够充分发挥财政资金的牵引作用和杠杆效应，能够更好地整合链接社会资源，能够更好地为贫困人口提供个性化服务，也能够更有效地引导贫困人口增强脱贫意识和脱贫信心。社会工作参与“扶志扶智”的反贫困实践，能够通过发挥社会工作专业理论和专业方法的优势，开展贫困人口需求评估，分析贫困人口的贫困原因，为贫困人口提供有针对性的服务，如心理疏导、社会融入、邻里互助等，健全物质帮扶与精神帮扶，形成一般性、普遍化的救助服务与差异化、个别化服务相补充的新型帮扶模式；能够通过社会工作专业服务的提供，实现对贫困人口的增能赋权、优势发掘，更为重要的是能够提高“扶志扶智”反贫困实践的工作效率，进一步激发贫困人口的内生动力，改变贫困人口的精神世界，推动贫困人口的思想转变，这也为进一步探索建立制度化的社会扶贫长效机制提供了可能。

第三节　社会工作参与“扶志扶智”的反贫困实践的专业优势

一、社会工作与“扶志扶智”的反贫困实践的契合性

作为社会福利和公共管理的重要组成部分，社会工作最初是为了解决贫困问题而产生的。从 1601 年《伊丽莎白济贫法》的颁布，到西方资本主义国家在贫困治理问题上所做的努力，最终促成各救助力量对底层民众和弱

势群体实施的救助发展成一门专业①。随着我国进入脱贫攻坚阶段，早期经济发展带来的扶贫红利逐步递减，“输血式”扶贫并不能促进贫困人口长远的发展。“扶志扶智”成为社会工作在反贫困新形势下需要面对的历史使命和时代需要。社会工作与“扶志扶智”的反贫困实践在理念、价值追求、目标与方式上具有较高契合性，能有效推动“扶志扶智”的反贫困工作的进展，助力于贫困人群的自主发展。

（一）理念上的契合：以人为本

从社会工作的发展过程来看，它对处于困境中的贫困人口的疾苦表现出极大的关注，将帮助有困难的社会成员作为基本着眼点，并致力于维护个体的尊严免遭侵害②。在这个过程中，社会工作的专业理念具有浓重的人本主义色彩。一般来说，人本主义视角就是以人为中心、以人为本的理论视角。自 20 世纪 60 年代以来，社会工作接受了人本主义对世界多重文本属性的理解，认为整个社会展现出多元性和差异性。社会工作的实践领域是一个充满人文色彩的质性世界③。

“扶志扶智”的反贫困实践是在一种全新的扶贫理念指导下展开，它有着丰富的价值参与和意义认同。为了进一步提升扶贫效果，社会工作者通过“扶志扶智”持续激发与深度挖掘贫困人口的内生动力，这都符合当代“以人为本”的发展理念。而“等、靠、要”的惰性思想，是扶贫工作中的“短板问

① 林顺利、孟亚男：《嵌入与脱嵌：社会工作参与精准扶贫的理论与实践》，载《甘肃社会科学》2018 年第 3 期。

② 高飞、向德平：《专业社会工作参与精准扶贫的可能性与可及性》，载《社会工作》2016 年第 3 期。

③ 岳天明、李林芳：《民族村寨精准扶贫的社会工作借鉴——以甘肃文县 T 乡为例》，载《中央民族大学学报(哲学社会科学版)》2017 年第 6 期。

题”，也是应对社会风险的重要切入点。面对贫富差距加大带来的社会治理压力与全面建成小康社会的社会预期，继续加快推进反贫困战略符合我国的基本国情，对贫困人口开展“扶志扶智”是打赢脱贫攻坚战的重要途径，其中体现的人本主义精神与社会工作的专业使命不谋而合。社会工作有效参与“扶志扶智”的反贫困实践，既能为反贫困事业添砖加瓦，也能助力实现全面建成小康社会的阶段性目标。

（二）价值追求上的契合：追求社会的公平与正义

促进社会的公平与正义是社会工作的重要使命，也是社会工作的专业本质。反贫困工作所体现出的对社会公平与正义的追求和社会工作的专业使命不谋而合。“扶志扶智”作为我国反贫困战略的重要组成部分，在追求社会公平与正义的目标中有着举足轻重的地位。国家投入大量的资源进行扶贫开发，在取得巨大成效的同时也出现了一系列的问题，传统的扶贫制度设计存在缺陷，扶贫政策针对性不强，扶贫行动低质、低效等社会不公问题时有存在。因此，对于贫困问题必须运用“精细化”治理的思维，将有限的资源最大化用到贫困人口身上，优先帮助最需要帮助的人。社会工作参与“扶志扶智”的反贫困实践是从根本上解决贫困人口的脱贫致富问题，能使全体人民在共建共享发展中有更多的获得感。一是社会工作者可以从思想上唤醒贫困人口的改变意识，从优势视角出发培养其改变的信心和决心，形成积极、主动的脱贫态度；二是社会工作强调“人”的发展，注重培养贫困人口的个人能力，使其能够自我成长，既能接受帮扶，又能离得开帮扶；三是社会工作者作为资源链接者，可以有效整合各种社会力量投入扶贫的任务中，丰富反贫困工作的资源。消灭贫穷、追求社会的公平与正义，是社会主义的本质要求和最终目的。

（三）目标上的契合：助人自助

“助人自助”理念作为社会工作专业服务的宗旨和目标，贯穿于社会工作服务的全过程。社会工作强调“助人自助”，即在社会工作者的协助下，服务对象能够恢复其应有的社会功能，从受助者变成自助者甚至成为助人者。在“扶志扶智”的反贫困实践中，“助人”和“自助”包括两个层面的内容：一是社会工作者通过个案工作、小组工作及社区工作等方式，帮助贫困人口解决情绪压力与困扰，摆脱“等、靠、要”的惰性思维，积极参与反贫困实践，以满足贫困人口的实际需求，解决现实问题；二是社会工作注重贫困人口的“自助”能力建设，在社会工作专业活动中协助贫困人口自我成长，使贫困人口在接受专业社会工作服务过程中能够逐步树立理性的发展意识，积极依靠自身力量摆脱贫困。

社会工作者要以“助人自助”的理念为指导：首先，促进贫困人口的内在觉醒，使贫困人口能够意识到自身所处的困境；其次，协助贫困人口从内心接纳自己，在思想观念上帮助贫困人口树立“自助”的理念；最后，通过主动倾听、表达关注、积极持续鼓励等支持性技巧，让贫困人口感受到被尊重，相信自身存在的价值，并相信能够依靠自身的力量实现脱贫。最后，社会工作者为贫困人口构建完整的服务计划，以协助贫困人口提升自主脱贫的能力。具体而言，一方面，社会工作者通过个案工作直接帮助贫困人口提升脱贫能力、增强脱贫意识，或通过小组工作鼓励服务对象积极与小组成员互动，在与他人的交流学习中实现个人成长；另一方面，社会工作者通过链接社会资源为贫困人口提供接受专业技能培训的机会，将“扶志”与“扶智”相结合，激发其内生动力。从以往实践来看，贫困人口普遍受自卑等负面情绪的影响，贫困人口及其子女容易遭受社会的排斥，社会工作在“扶志扶智”的反贫困实践中，不仅注重贫困人口脱贫能力的提升，还关注贫困人口的社会融入情况。在这个过程中，提升贫困人口的脱贫信心是必要的，只有破除贫困人口对依靠自身力量无法脱贫致富的不自信，才能建立他们自身新的自信心。总体上来看，社会工作“助人自助”的专业理念贯穿于扶贫过程的始终。

（四）方式上的契合：赋权增能

贫困人口的贫困境地之所以得不到改善，除去贫困人口自身的一些缺陷或不足以外，缺少实现改变的机会以及对自我的发展充满了无力感是重要因素之一。只要给予他们适当的协助，贫困人口是可以提升自己的权利和能力，实现改变的。因此，我们需要通过“扶志扶智”来激发与培育贫困人口的内生动力，减少贫困人口的无能感和无权感，以提升贫困人口的发展能力。社会工作在“赋权增能”上有天然的优势。赋权强调个人对自己生命的控制权和决定权，倡导个人通过一些中介系统，如学校、邻里或其他志愿组织，对自己生活的社区进行民主参与，通过活动增强能力（权力），以实现个人生存状况的改善和环境的变迁①。在这一过程中，人们不断习得生存和发展的能力去参与影响自身生活的事件，并努力加以改变②。齐默尔曼（Zimmerman）认为，赋权的核心组成部分是一种对控制效能的内心感知，且这种内在的自我效能感对激发个体实现行为的积极转变有着至关重要的作用③。“扶志扶

① Rappaport J, “Studies in empowerment: Introduction to the issue,” *Prevention in Human Services*, 1984, Vol. 8, No. 3, pp. 1－7.

② 郑广怀：《伤残农民工：无法被赋权的群体》，载《社会学研究》2005年第3期。

③ Zimmerman M A, “Psychological empowerment: issues and illustrations,” *American journal of community psychology*, 1995, Vol. 23, No. 5, pp. 581－599.

智”的反贫困实践中，社会工作强调每一个贫困人口的优势和潜能，关注人的内在力量，通过发掘贫困人口的优势，挖掘贫困人口身边的优势资源，为贫困人口增能；社会工作者通过专业的眼光充分利用被“埋没”的优势资源，将这些资源与贫困人口进行深度链接；社会工作者对当地进行深入的了解与评估，结合贫困地区的独特优势，与贫困人口共同策划服务方案，引导贫困人口通过自助、互助活动开发利用当地的优势资源；社会工作可以通过赋权，让最熟悉、最了解当地资源条件和产业基础的村民在乡村建设中拥有一定的权利、承担一定的义务，积极参与决策的每个环节，主动表达自己的需求和想法，真正成为乡村的保护者、经营者和受益者①；可以通过激发、唤醒贫困人口的主体性和能动性，鼓励贫困人口运用自身的力量去解决问题，从而促进贫困人口“志”与“智”的改变与提升，最终摆脱他们所面临的困境。比如，社会工作者通过整合社会资源，帮助贫困人口发掘人脉资源，增强团队意识，建构互助组织；联系爱心个人、组织和企业，缓解政府扶贫物资供不应求的压力，为贫困人口持续参与脱贫攻坚提供一定的物质支持；通过挖掘贫困地区的资源优势、产业优势、区域优势等，增强贫困人口的脱贫意识、激发贫困人口的内生动力。

二、社会工作参与“扶志扶智”的反贫困实践的优势

社会工作参与“扶志扶智”反贫困实践的优势主要表现在三个方面：一是社会工作的专业性，二是社会工作的职业性，三是社会工作与政府合

① 李军红：《创意乡村的路径及意义——基于朱家峪村实践的探索》，载《广西民族大学学报(哲学社会科学版)》2015 年第 6 期。

作的经验。

（一）社会工作的专业性

社会工作的专业性主要体现在反思性、敏感性与公正性三个方面，以下笔者将结合“扶志扶智”的反贫困实践进行具体描述。

第一，反思性。社会工作的理论、方法、知识和技术让社会工作参与“扶志扶智”的反贫困实践拥有天然的优势，同时社会工作专业的反思性让社会工作参与“扶志扶智”的反贫困实践更能发挥持续的效用。一是社会工作的同理心、平等、接纳、尊重、自决、个别化等专业价值原则是社会工作者与贫困人口间相互信任的基石，能协助他们建立起平等、互信的专业关系，进而提升社会工作参与“扶志扶智”的反贫困实践的成效。社会工作者与贫困人口之间是平等、互助的伙伴关系，透过双方的沟通与合作，贫困人口能够重新树立生活目标、重建生活信心。二是社会工作的理论视角，如“人本主义视角”“优势视角”“赋权理论”“参与式发展”“内源式发展”等，能为社会工作者辨识贫困人口的处境、理解贫困人口的意义世界提供指导，并能基于贫困人口所处的微观、中观和宏观环境采取多策略的介入。三是社会工作是一种反思性专业，这是需要特别提出的。这种反思性不仅让社会工作者能够以辩证性、结构性、过程性和互动性的方式去解释问题和分析问题，而且能促使贫困人口更清楚地认识自身存在的问题并形成新的意识和能力，同时透过反思不断提升服务的经验和策略，让社会工作真正成为一种促使贫困人口成长和蜕变的桥梁。

第二，敏感性。社会学对现代人的生存方式及其历史性变迁、对现代社会的运行机制均有较为深入的把握，这让社会学对社会变迁过程中的各种社会问题都可以运用专业的视角进行分析①,这一点在社会工作理论的发展中尤为明显。社会工作作为社会学的分支学科,对现代社会的变迁与发展有着敏锐的洞察能力,并能通过其自身的专业方法予以介入解决,这对分析处于剧烈变迁过程中的贫困地区来说尤为重要。

第三,公正性。追溯整个社会工作的发展历史可以发现,社会工作的发展过程始终贯穿着对社会公平与正义的价值追求。社会工作以人道主义为基本价值追求,运用科学的方法进行助人活动,这也是社会工作跟其他助人形式的重要区别所在。社会工作在参与反贫困工作时始终追求社会公平与正义,这既不同于一般意义上的血亲互助,又不同于社会组织开展的志愿帮扶,也不同于政府在相关政策指导下的专项帮扶。社会工作参与“扶志扶智”的反贫困实践始终将科学的理论作为活动指导,以基本的价值理念为服务活动的内在支撑,遵循严格、科学的程序。

(二)社会工作的职业性

社会工作参与“扶志扶智”的反贫困实践的优势不仅表现在其专业性方面,而且也表现在其职业性方面。一方面社会工作的职业性体现在其从业人员受过专业性的训练方面,他们掌握了社会工作助人的专业方法、价值理念及完整的助人流程。具备职业资格的社会工作者,是社会工作参与“扶志扶智”的反贫困实践及实现帮扶效果的重要保障。自 2008 年全国社会工作者职业水平考试首次开考至 2020 年,我国持证社会工作者达 66.9 万人,其中助理社会工作师 50.7 万人,社会工作师 16.1 万人。这些专业人才在相应

① 袁君刚:《社会工作参与农村精准扶贫的比较优势探索》,载《西北农林科技大学学报(社会科学版)》2017 年第 1 期。

的社会工作职业领域，以有需求的群体，特别是弱势群体为服务对象，围绕具体的民生问题开展了大量专业的实践服务，其中包括反贫困领域的实践服务。社会工作在提升贫困人口的脱贫底气、增强脱贫信心、努力扩大贫困人口参与、着力营造自力更生的光荣脱贫氛围等方面发挥着重要的作用。另一方面体现在社会工作者的专业能力和专业方法上。社会工作者善于从多角度思考和分析问题，关注个人、团体、社区、社会等多层次的介入，他们能从贫困人口的实际情况出发来解决贫困人口的实际问题。社会工作参与“扶志扶智”的反贫困实践中，社会工作的个案工作着重关注贫困人口的个人问题与自我成长，重点关注贫困人口的思想和观念，激发贫困人口的内生动力。在社会工作的小组工作中，社会工作者从团体的角度为贫困人口提供可以学习和交流的群体支持，积极营造脱贫的氛围，激发贫困人口脱贫的活力。在社会工作的社区工作中，社会工作者凝聚贫困地区社区的各类发展力量，尊重并紧密对接贫困人口的需求，努力扩大贫困人口的参与范围，激发贫困人口参与反贫困的热情和动力，促使贫困人口在脱贫行动上发生改变。此外，在社会行政视角下，社会工作参与“扶志扶智”的反贫困实践，为精神贫困问题的解决提供了更加专业的理念知识、专业方法及多元的解决路径。

（三）社会工作与政府合作的经验

社会工作拥有丰富的与政府合作的经验是社会工作参与“扶志扶智”的反贫困实践的关键优势。其中“政府购买服务”扮演了重要的媒介作用。“政府购买服务”来源于西方国家的福利制度改革。20 世纪 70 年代至 80 年代，西方国家经历了福利危机，开始走“第三条道路”，即国家不再是社会福利的唯一提供者，而是引入非营利机构，实现国家、集体、个人共同参与和共担风险的福利制度。政府购买服务是政府通过财政向非营利机构或其他部门购买公共服务，为社会成员提供公共产品的方式[①]。社会工作机构作为一种非营利组织，通过政府购买服务的方式承接了部分政府转移的公共服务职能。近年来，在各级政府和民政部门的推动下，社会工作机构数量快速增加，成为开展社会工作专业服务的重要载体，涉足社区服务、安老服务、妇女保护与发展服务、儿童及家庭服务、矫正康复服务、反贫困服务等多领域。在此过程中，社会工作机构既是服务提供者、资源受益者，也是政府购买服务的推动者、建设者。社会工作基于其专业服务、资源整合等专业功能，与政府建立了良好的合作伙伴关系，协助政府进行职能转移，提高公共服务的质量，推动了社会治理创新。社会工作机构与政府之间良好的合作关系及丰富的合作经验为其参与反贫困工作奠定了前期基础，也为社会工作参与“扶志扶智”的反贫困实践提供了可能。

同时，社会工作还积极参与社会政策的制定、实施与完善。近年来，在服务型政府理念的引导下，各级政府针对涉及民生的各个领域制定了大量的社会政策。社会政策在保障和改善民生方面发挥着重要的作用，这些政策涉及社会保障制度、社会福利制度、公共基础设施建设和公共资源的分配等各个方面。社会工作机构依托社会政策长期在基层社会开展各项服务，尤其在帮扶社会弱势群体、化解基层社会矛盾、建设和谐社区等方面发挥着

① 罗观翠、王军芳：《政府购买服务的香港经验和内地发展探讨》，载《学习与实践》2008年第9期。

不可替代的功能。社会工作在实践过程中总结出了大量的经典案例，并在此基础上形成了本土化的社会工作服务模式，能为国家制定相关领域的社会政策提供重要的决策依据。正因为如此，社会工作与政府既往合作的成功经验也为社会工作参与反贫困工作奠定了良好的基础。

第四章　社会工作参与“扶志扶智”的反贫困实践的理论视角

激发贫困人口的内生动力、提升贫困人口的发展能力、增强贫困人口的社会适应能力、恢复贫困人口正常的社会功能，“扶志扶智”是实现这些目标的关键。社会工作参与“扶志扶智”的反贫困实践需要理论指导。社会工作有完善的理论体系和多元的理论视角，不同的理论视角对服务对象和问题做出不同的解释，并提出不同的工作目标、实践模式和介入策略。本章从人本主义理论、认知行为理论、赋权理论和优势视角理论切入，系统梳理不同理论的主要观点、对社会工作的影响，围绕“如何看待服务对象、如何看待服务对象的问题、如何为服务对象提供服务”三个维度，探讨在不同理论视角下社会工作参与“扶志扶智”的反贫困实践的原则和策略。

第一节　人本主义理论

一、人本主义理论的基础

人本主义理论形成于20世纪50年代至60年代的美国，但人本主义理论的思想最早可追溯到古希腊罗马时代。人本主义思想来源于普罗泰戈拉(Protagoras)提出的“人是万物的尺度”，他主张人类社会中的一切事务均以人为中心和标准，重视人性和人的利益，这标志着人的主体意识的觉醒。苏格拉底(Socrades)、柏拉图(Plato)等思想家也强调人的主观感受，以人的立场去解释信仰。[①] 人本主义理论在文艺复兴时期得到了迅速发展。人本主义理论的代表人物以心理学家居多，如奥尔波特(Allport)、亚伯拉罕·马斯洛(Abraham Maslow)、卡尔·罗杰斯(Carl Rogers)等。

人本主义理论强调人的价值、尊严、创造力与自我实现。人本主义心理学家认为，人性本善，人性是人的内在本质。人类本性中有善良、自我实现等积极方面。从某方面来说，人性至少是中性的，是具有建设性的、向上的、可依赖的，而人性中的恶主要是由后天的环境所造成。人本主义心理学的创建者之一——奥尔波特提出了“统我”[②]和“健康人格”的概念。他指出，“统我”是人格的一种动力组织，以健康人格的发展为目标。他又进一步指出，健康人格有六个标准，包括自我扩展的能力、密切的人际交往能力、情绪

① 叶浩生：《人本主义心理学：后现代主义的挑战》，载《华东师范大学学报(教育科学版)》2008年第4期。

② 统我，即以自我统一体来代替自我概念，以自我的意识性、一致性、统合性和独特性为主要特征。

上的安全感和自我认同感、体现知觉的现实性、体现自我的客观性、体现定向一致的人生观。① 这些标准体现了人本主义理论对人的主体性的强调和对人的自主能力的重视，指出人是能够支配自己并能为自己的行为负责的。人本主义心理学的代表人物马斯洛认为，过去的心理学，如精神分析学派和行为主义学派，强调人类的病态和动物性的方面，贬低了人类善良、谦恭的本性，忽略了人类本性中的积极性。他提出了“自我实现”的概念，他关心人的创造性，认为“自我实现”是有机体潜能发挥的内驱力，是人类生活最高目标的表现形式，并提出了“需要层次理论”。“自我实现”是一个人本性、潜能的展现和发挥的状态，也是个体存在和生命的意义所在。“自我实现”是人所能达到的最高程度的发展，是人性发展所能达到的最完善的状态。“自我实现”的达成关键在于个体自我意识的塑造，即个体认识到自我的内在潜能和价值及自我实现的可能性。人本主义心理学的奠基人罗杰斯以“自我实现”倾向为动力，提出人性本善的观点，认为每个人都是渴望成长和有所成就的。人本质上具有争取自我实现、自我理解和维护自我健康的潜能。罗杰斯认为，人的自我意识受到社会经验的影响，在与环境互动交往的过程中，透过内省、社会比较等方式而形成。在良好的、适合的环境中，人能形成正确的自我意识，并能依靠“自我实现”这种内驱力，成长为一个健康、完善的人。

总的来说，人本主义理论强调：一是尊重人的价值和尊严，将人视为万物的尺度。二是重视人的主体性世界。正如康德所言，“人为自然界立法”，人的理性是一切事物的尺度。人与物之间是存在差别的，因为人是认识的

---

① 文军：《西方社会工作理论》，高等教育出版社 2013 年版，第 107 页。

主体。我们应该从人的眼光、情感、意志、创造性来理解人类身处其中的社会关系和社会结构。三是“自我实现”具有内驱力。人性有积极成长的倾向，它存在于有机体内部的“本能的内核”，包含着趋向实现的潜能，只要有适当的成长环境与机会，人性就会在“自我实现”的先天动机驱力下不断向着健康的方向发展。①

二、人本主义理论在社会工作中的运用

人本主义理论是在人本主义心理学、人本主义哲学和社会工作实务基础上发展而来的社会工作理念和服务模式，又称为当事人（案主）中心理论。人本主义理论强调尊重人的价值和尊严，重视人的主体性世界，关注和充分运用“自我实现”的内驱性作用，这为社会工作的实务发展提供了指导原则。具体来说，人本主义理论对社会工作的指导作用体现在以下四个方面。

第一，人本主义理论界定了社会工作的价值理念。在社会工作实践中，人本主义更多地被视为社会工作的基本态度，是指导实践的一般操作立场，而不是界定具体实践取向的方式。② 人本主义理论强调人的价值与尊严，倡导“真诚”“接纳”“同理心”等价值理念。“真诚”的价值理念要求社会工作者对待服务对象是真诚的、适当的，社会工作者在服务过程中的言行要具有一致性。“接纳”的价值理念要求社会工作者积极地、非批判地、无条件地接纳

① 公长伟、徐虹：《人本主义心理学的人性观以及“个人中心”的现象学治疗取向》，载《科技信息（学术研究）》2007 年第 27 期。

② ［英］Malcolm Payne：《现代社会工作理论》，何雪松，张宇莲，程福财，等译，华东理工大学出版社 2005 年版，第 354 页。

服务对象，但是接纳不等于全盘赞同，接纳不意味着接受和赞同服务对象的行为，而是让服务对象感受来自外部的支持，体验改变的可能性，推动服务对象的成长，增强他们的能力。同时，“接纳”意味着社会工作者承认每一个服务对象具有特殊性，每个服务对象的生命历程都是一个复杂的思想和感受模式，这要求社会工作者研究服务对象及服务对象所处的系统，尊重服务对象的独立性、自主性和创造性，洞察其思想、感受和行为背后的意义和阐释。“同理心”的价值理念强调社会工作者与服务对象之间的连接，倡导社会工作者与服务对象一起感受周围世界，理解服务对象对周围世界的看法，并且把这种理解传达给服务对象。人本主义理论更多地被视为一种一般哲学立场，它以这种立场来影响社会工作的价值理念。在人本主义理论的指导下，社会工作者以一种平等的态度接纳服务对象、认识服务对象、理解服务对象，与服务对象沟通并与服务对象积极互动，让社会工作成为服务对象改变的有效媒介。

第二，人本主义理论设定了社会工作的目标。社会工作“助人自助”工作理念的形成受到人本主义哲学价值观的重要影响。在微观层面上，人本主义理论强调服务对象的自我成长和自我实现的重要性，主张关注个人的情感、知识、信念和意图。在社会工作的服务中，社会工作者不仅关注服务对象的问题、解决服务对象的现实困境，还注重挖掘和发挥服务对象的优势与潜能。社会工作者帮助服务对象解决现实问题只能治标而不能治本，只有致力于提升服务对象的能力才是解决服务对象问题的根本之道。此外，与服务对象建立良好关系，也是人本主义理论所关注的，这有助于服务对象社会性功能的恢复。在宏观层面上，人本主义理论注重从人的价值和尊严出发建构制度和政策，从而实现人本主义社会。①

第三，人本主义理论重视服务对象自我能力的提升。人本主义哲学家始终相信，人类具有思考、做出选择、自由行动的意志和能力。人本主义理论是从服务对象“自我实现”的角度来论证这一观点的。人本主义理论相信人的“自我实现”，认为人具有自我解决问题的能力，人能充分发挥自我调节、自我控制、自我激励的特性功能，引导自我发现问题、分析问题并解决问题。人本主义理论对服务对象出现的问题的解释是，服务对象的“自我实现”受到了阻碍。人本主义理论承认服务对象是具有自我改变能力的人。社会工作者服务于服务对象的最好方式是协助服务对象辨识问题，提升服务对象的能力，从而促进服务对象成长。服务对象改变的过程既简单又复杂，只要为服务对象提供合适的条件，服务对象就会逐渐了解自己，逐步解决自己面临的困境，实现成长与发展。

第四，人本主义理论影响了社会工作的实践技巧。人本主义理论对社会工作实践技巧的影响主要体现在个案的咨询辅导方法上。社会工作重视社会工作者与服务对象之间的关系对服务进程的影响，采用会谈技术中的“服务对象参与”的方法，在会谈过程中通过提供适宜的气氛来调动服务对象自身的潜力，引导服务对象自我探索。

三、人本主义视角下社会工作参与“扶志扶智”的反贫困实践

人本主义理论视角下社会工作参与“扶志扶智”的反贫困实践聚焦于探

① Goroff N, “Humanism and Social Work Paradoxes, problems, and Promises,” *Humanity & Society*, 1982, Vol. 6, No. 4, pp. 409 - 416.

讨贫困人口自我发展的主体意识，也就是通过“扶志扶智”的工作方法激发贫困人口的内生动力，实现贫困人口的脱贫致富，使反贫困工作的成效更具有持续性和长效性。在人本主义视角下，贫困人口具有“自我实现”的需求。贫困人口之所以缺乏内生动力或者内生动力较弱，是因为受外部环境的影响，外部环境遮蔽和弱化了贫困人口“自我实现”需求的驱动力，使他们故步自封、安于现状。

罗杰斯主张，人作为一个完整的有机体，“自我实现”是所有生命体验的“发源地”。每个人天生就是积极且要求上进、努力使自身不断发展完善的。在“自我实现”需求的驱使下，每个人也都能逐步取得成长和发展。维护自我、提升自我、实现自我的趋向是人最基本的，也是唯一的动机和目的。[①] 基于此视角，社会工作者需要看到，贫困人口是具有与生俱来的“自我实现”的内驱力的，“自我实现”也是贫困人口先天的本能需要。但我们也必须承认，一些贫困人口“自我实现”需求的内驱特性往往存在不足，具体表现在他们对外来援助的依赖性和对自己生活的放任性。这种情况与贫困人口所处的生存环境息息相关，包括他们所处的自然环境、生态环境、市场环境、社会环境等。纵观我国反贫困的发展历程，我们可以发现，在较长一段时间内，贫困被狭义地理解为经济贫困，扶贫开发被理解为给钱给物，即单一地提高贫困人口的物质生活水平，而忽略了对贫困地区及贫困人口脱贫致富能力的提升。这就使得在脱贫攻坚的冲刺阶段贫困人口的精神贫困问题日益凸显，而且由于贫困人口发展的内部驱动力缺乏，其脱贫后返贫风险较大。由

① 曾德琪：《罗杰斯的人本主义教育思想探索》，载《四川师范大学学报(社会科学版)》2003 年第 1 期。

此，贫困人口“自我实现”的内驱力为其生存环境所遮蔽和弱化。所以，在人本主义理论的指导下，贫困人口“自我实现”内驱力的形塑对实现脱贫及保证脱贫成效至关重要。而社会工作的目标就是去唤醒贫困人口的内驱力，激发其发展的动力和成长的活力，让贫困人口的“自我实现”内驱力推动他们成为更好的自己。在人本主义理论的指导下，社会工作参与“扶志扶智”的反贫困实践，是通过“扶志”和“扶智”的路径激发贫困人口“自我实现”的内驱力的。具体而言，有以下四个方面。

第一，增强贫困人口的自我意识。自我意识是个体对自己的各种身心状态的认识、体验和愿望。人本主义理论主张通过增强个体自我意识来达成自我实现的，也就是社会工作者帮助贫困人口形成对自己正确的认识，特别是对自己正面、积极的认识，包括自信、自主和自我肯定。社会工作着眼于贫困人口的自我发展，引导他们更准确地认识自我、接纳自我、控制自我。社会工作可以通过个案工作或者小组工作的形式，尊重、接纳、理解和关心贫困人口，重视贫困人口的价值和意义世界，让贫困人口理智、客观地看待自己的长处和不足，特别是要看到自己正面、积极的一面，体会自我的独特性。

第二，提升贫困人口的发展能力。“自我实现”是每个个体都具有的原始内驱力，它能让人更加独立，也更加具有生活下去的动力。社会工作者要想激发贫困人口的内驱力，首先需要激发贫困人口的潜能、提升贫困人口的发展能力，这是摆脱贫困的基础。激发贫困人口“自我实现”内驱力的基础是贫困人口的自我发展能力。贫困人口只有具备了发展所需要的能力，才有可能进一步“自我实现”。也就是说，只有提升贫困人口自身发展的相应能力，才有可能及时抓住机遇。

第三，唤醒贫困人口的主体意识。人本主义理论强调人的价值和尊严。价值和尊严是“自我实现”的目标，也是“自我实现”的途径，“自我实现”作为内驱力能激发贫困人口的主体意识、能动性和创造性，并最终促成贫困人口的“自我实现”。个体的主体意识是个人“自我实现”的基础。社会工作创新工作方法，并依托新的工作方法开展相关的宣传、教育和实践活动，如开设道德大讲堂、开展先进典型表彰、参与行动实践等，让贫困人口认识到自我的价值，进而追求自身的发展及承担社会责任，成为脱贫实践的主导者，并经由这一过程实现自我成长，达致摆脱贫困、走向美好生活的最终目标。

第四，增强贫困人口的自我效能。自我效能是人在特定情景中从事某种行为并取得预期结果的能力，是对自身从事某一成就行为的主观判断，是对自己特定能力的一种肯定。自我效能与成就动机呈正相关关系。自我效能感强的人，在面临困难或有挑战性任务时具有较强的毅力，能勇于去寻找和探索问题解决的方法，并在问题解决后获得成就感。而自我效能感较弱的人在面对困境时更容易自我放弃。社会工作可以通过行动参与法、角色扮演法等方法培育贫困人口的自我效能感，引导贫困人口树立适当的生活目标，进而采用有效的策略实现自己预定的目标，积累成功经验。成功经验反过来也可以增强贫困人口的自我效能，这样有助于改变贫困人口消极的精神面貌，建立起生活的自信心，也能让贫困人口从依赖他人、依赖政策转变为依赖自身的潜能和价值。

第二节　认知行为理论

认知行为理论针对反贫困过程中出现的“精神贫困”“志智欠缺”“内生动力不足”等现象，从个体认知及行为的维度给出很好的阐释，并从治疗路径介入改变贫困人口的非理性信念及非理性的策略性反应，从而促使他们产生更为积极的、可接受的观念和行为。

一、认知行为理论的基础

认知行为理论是行为主义理论和认知心理学理论通过各自的发展，最终交汇融合而形成的一种理论。它关注思维、感受对行为的影响，以及引起焦虑和功能失调的行为。认知行为理论的来源主要有两方面：一是行为主义理论，由华生（Watson）、斯金纳（Skinner）等开创，班杜拉（Bandura）等人发展；二是认知心理学理论，以贝克（Baker）、艾利斯（Ellis）为代表。行为主义理论主张，人类的行为都是后天习得的，行为只是有机体用以适应环境刺激的各种躯体反应的组合。行为主义理论强调环境因素对人的行为的决定作用。而认知理论则强调人的行为更多的是受到其知觉或认知结构的形成与变化的影响。它强调内在认知在问题形成和问题解决过程中的重要性，倡导通过改变认知的方式来解决问题。同时，认知心理理论也强调内在认知与外在环境之间的互动。个体的认知结构和认知能力来源于其与环境之间的互动。这两种不同路径的理论在不断地发展中相互融合，形成了现代的认知行为学派。

行为主义学派是西方心理学的主要流派之一，起源于20世纪初的美国。行为主义理论是美国心理学家华生在巴甫洛夫(Pavlov)的经典条件反射学说基础上创立的。受到经典条件反射理论的影响，行为主义理论认为人的行为是后天习得的，环境决定了一个人的行为模式，即人们通过学习可以获得正常或者不正常的行为模式，也可以通过学习更改既有的行为模式。行为是人对外界环境和内部生物过程所决定的条件(刺激)做出的应答。这一时期的行为主义理论强调刺激对行为反应方式具有塑造和控制的作用，是以自动化和机械化的方式发生的。从20世纪30年代开始，华生的观点受到了外界的怀疑和排斥，使得传统的行为主义遭遇危机。行为主义学家开始认识到认知与行为的重要关系，如班杜拉、罗特尔(Rotel)、米契尔(Mitchell)等心理学家开始试图将行为主义与认知心理学融合起来，寻找一条行为主义发展的新道路。其中，影响力最大的是班杜拉的社会学习理论。班杜拉提出，社会学习行为理论综合了认知理论中的信息加工观点和行为主义理论中的强化观点，并同时用这两种理论解释行为过程。这是十分必要且缺一不可的。因为强化的观点无法阐释行为获得过程中个体所进行的内部认知活动，而信息加工的观点容易忽视那些影响行为操作的外部因素。因此，班杜拉发展出了社会学习理论，他整合了认知、行为和环境，形成了一个分析人的思维和行为的统一理论框架。班杜拉认为，个体的行为、环境及个体的内部诸因素，如认知、感受、情感、态度、思维等主体因素，三者之间是交互决定的，其中任何两个因素的双向互动关系的强度和模式，都随着认知、行为、环境的改变而改变。个体所有现实的行为表现，都是交互系统中诸因素交互作用的产物。同时，班杜拉还进一步说明了认知因素及以认知为基础的其他主体因素，如符号、自我强化、替代强化、自我调节和自我反思等对学习的重要性，这样就将认知视为行为理论的一个重要组成部分。

认知是心理学研究的核心问题之一。认知心理学建立在“行为受到学习过程中个人对环境的观察和解释的影响”这一基本假设的基础上。认知心理学承认人的意识的主观能动性，它认为人的思考、行为与感觉之间有一种相互作用关系，思维决定情绪，情绪决定行为。① 认知心理学的核心内容包括如下几点：一是强调知识对行为的决定作用。认知心理学认为，人脑中既有的知识和知识结构对人的行为具有决定作用。它认识到人的信息加工与其知识相关，人们是运用知识并使用一定的策略来获取信息和加工信息的。这里的知识就是图式，它主要来源于个体的社会经验，是人们内化了的社会性世界的知识单元或认知结构。图式指导人们认识社会性世界，并理解社会性世界。二是强调认知的整体性。一方面，人的认知活动是认知要素相互联系、相互作用的统一整体；另一方面，人具有将事物的个别属性和个别部分知觉为整体的能力。三是强调产生式系统。认知心理学强调人的信息处理是依靠产生式系统实现的。产生式条件不仅包括外部刺激，还包括记忆中贮存的信息。② 四是强调表征的重要性。认知心理学重视知识在个体心理的反映和存在方式，如词语、概念等信息。五是强调解释认知历程的内部心理机制。六是强调环境对认知的影响，重视认知形成的环境特征。

① ［美］Marlene G. Cooper，Joan Granucci Lesser：《临床社会工作实务：一种整合的方法》，库少雄译，华东理工大学出版社2005年版，第221页。

② ［美］Robert J. Sternberg：《认知心理学》，杨炳钧、陈燕、邹枝玲，译，中国轻工业出版社2006年版，第263页。

二、认知行为理论在社会工作中的运用

认知行为治疗是认知行为理论在社会工作中的具体运用，是认知治疗和行为治疗在发展过程中不断融合而形成的一种社会工作实践模式。认知行为治疗模式以结构化的方式干预人的认知和行为，是应用非常广泛的一种社会工作实践模式。

认知行为治疗是一种改变服务对象情绪、行为与认知的方法，它不仅关注服务对象的外显行为，而且重视对服务对象内在思维过程的分析。人的认知活动极大地受到自动化思维的影响。自动化思维是基于长期的生活经验而形成的相对固定的思考与行为模式。在自动化思维的影响下，人的很多行为是不知不觉、自然而然发生的。也就是说，人的非理性行为可能是受到了错误的想法和荒谬的信念的影响，是存在于人的意识之外的。这就要求社会工作者将服务对象的自动化思维纳入思考范围，找出服务对象的错误认知和错误信念并加以纠正，以缓解服务对象的精神焦虑和功能失调。因此，外在行为与内在认知都会影响服务对象的行为。认知行为治疗模式指出，服务对象的问题和困难是由其想法、感受和行为交互作用而形成的，服务对象如何去解释自己的感受和行为，如何去认知自己所处的情境，将影响他们采用何种策略来解决问题①。认知帮助个体解读行为与情境，这种解读直接影响个体是否采取行动及采取何种行为。所以，认知行为治疗的目标是改变服务对象非理性的想法、信念与目标，将其变成可接受且积极的想

① Vonk M E, Early T J. *Cognitive-behavioral therapy*. New York: Oxford University Press, 2009.

法、感受和行为，以消除或缓解服务对象的问题。[①] 社会工作运用认知行为治疗模式，通过评估服务对象的行为、想法和感受，以及这些因素对服务对象的影响，来增强服务对象界定问题、行动目标及评估不同策略的能力，协助服务对象辨识自身问题产生的前导因素，然后再提供干预，修正其认知上的错误信念，如灾难化思考、选择性归因、两极化思考等。值得一提的是，古德斯登(Goodsdon)将人本主义思想融入社会工作理论，让社会工作能够更包容地看待服务对象、接纳服务对象。他主张任何的行为与观点均是建立在一定的认知的基础上，尊重服务对象对自身及其所处的社会性世界的理解。这要求社会工作者在运用认知行为治疗模式时，能够看到服务对象的问题不仅是行为层面的，还是认知的结果，能够更多地关注服务对象的问题及其处境的独特性，在对服务对象进行干预时不仅要通过行为训练修正其行为，而且要通过调整认知来促进其行为的改变，从而达到改变服务对象情绪和行为的结果。

由于行为治疗与认知疗法是从不同的理论路径进入社会工作领域的，它们在具体的干预技术上也就存在差异。行为疗法以行为改变为直接目标，侧重于当前的问题并尝试调整或纠正导致问题的行为。行为疗法所采用的具体干预技巧包括系统脱敏法、厌恶疗法、社交技巧训练法等。认知理论认为人们的思维影响人们的感受[②]。因此，认知治疗中的方法是质疑和挑战人们非理性的信念和想法，以减少或缓解其当前存在的问题。认知重建

① 戴爱萍:《认知行为疗法的一例个案研究》,载《社科纵横(新理论版)》2008 年第 1 期。

② Francis McFaul, David Howe, “A brief introduction to social work theory”, *SAGE Publications*, 2012, Vol. 12, No. 2, pp. 224.

法是认知治疗中最关键的技术，最具代表性的理论是艾利斯的理性情绪治疗理论。该理论认为，人具有“理性与非理性”两种思维。理性思维让人珍惜生命，与人沟通并建立亲密关系，通过思考和学习推动行动；而被非理性思维主导的人则固执冲动、自怨自艾，对他人与环境过于严苛，难以建立和谐的人际关系。所以，该理论认为人的心理行为异常源于错误的信念、错误的思维与错误的想法。艾利斯在行为的问题和刺激性事件之间添加了新的要素——非理性信念、绝对性思考和错误评价，由此形成了“ABC 理论”（A 代表诱发性事件，B 代表认知信念，C 代表行为后果）。如果人们长期坚持不合理的信念，就会引发不良的情绪和行为。而当人们接受理性和合理的信念时，这种精神紧张和情绪困扰就会得到缓解。[①] 所以，要解决服务对象的问题，就要致力于改变服务对象的错误认知，帮助其树立正确的认知、信念。

三、认知行为理论视角下社会工作参与“扶志扶智”的反贫困实践

认知行为理论视角下社会工作参与“扶志扶智”的反贫困实践，需要回应三个方面的问题。

第一，认知行为理论视角下贫困人口“志智欠缺”“志智不足”的认知根源。在认知行为理论视角下，贫困人口的“志”与“智”都包含在认知范畴之内。对贫困人口进行“扶志扶智”，也就是要转变贫困人口的非理性认知、提振贫困人口的志气、塑造贫困人口坚强的毅力、树立贫困人口的信心、提升其适应各类社会环境和应对各类问题的能力。之所以要对贫困人口进行

① 文军：《西方社会工作理论》，高等教育出版社 2013 年版，第 28—29 页。

“扶志扶智”，是因为贫困人口“志智不足”或者“志智欠缺”。那贫困人口“志智不足”“志智欠缺”的现象是如何出现的呢？一方面，源自个体因素。由于相关经验的缺乏，贫困人口未能形成完整的认知自我和社会图式。人类认知的成长和发展存在于整个生命周期。人的认知与其经验相关，过去的、近期的经验都会对人的态度与行为产生启动效应。贫困人口在过往的生活经历中，相关生活和社会经验的缺乏导致他们的认知图式不太完善，使得他们不能正确认识自己和理解自己所处的世界，不能正常发挥社会功能，例如，受教育程度较低使得他们只能选择风险较大而收入较低的职业；缺乏应对问题和解决问题的能力，使得他们在遭遇挫折后容易一蹶不振，甚至出现自暴自弃、自怨自艾、完全否定自己的行为；固有生计方式和生活惯性使他们形成了定式的思想和行为模式；他们有时单凭想象就形成某种观点，思考问题时容易有损己害己的倾向等。另一方面，源自认知环境因素。个人的行为是为了回应对环境事件的认知意象。贫困人口的“政策依赖行为”尤其需要关注。一些贫困人口由于自身能力的限制无法满足自身的需求，因此将希望寄托于外部的支持和帮助，特别是来自政府的物质支持，并产生深深的依赖。基于此，这些贫困人口形成了非理性认知和非理性的应对策略，表现为等国家的援助资金、靠国家的财政拨款、要国家的扶贫资金等。这种非理性认知和应对策略的形成也是贫困人口受所处环境影响的结果。其一，贫困地区的贫困文化及宿命论的影响。贫困文化常常表现为贫困人口的好吃懒做、自暴自弃、自怨自艾。同时，长期的贫困会给人带来挫败感，导致贫困人口的自我效能感低，从而进一步影响他们的积极性和主动性，使他们缺乏改变的信心，转而投向宿命论的“怀抱”。这样，部分贫困人口容易将问题绝对化，认为自身的贫困是不可避免的。其二，扶贫政策的影响。经济理性是贫困人口的基本行为逻辑，他们会遵循利益最大化的原则来满足个人或家庭的生存及发展需求。在一些连片特困地区，艰苦的自然地理条件限制了农业生产，贫困人口通过辛勤劳动所获取的收入却是有限的。贫困人口在依靠自身难以改变现状的条件下，政策就成为他们改善生活状况的最佳选择。政策红利让贫困人口感觉依靠政策要远比依靠自己更加容易脱贫。

第二，认知行为理论视角下社会工作者与服务对象的专业关系。社会工作者与服务对象要在正确认知的基础上形成专业关系，尊重服务对象的个人信念与自主决定权。贫困人口的知识经验是其基于解读外部环境事件的意义而自我建构起来的。社会工作者只有尊重贫困人口的个人信念，才能促使贫困人口进一步质疑、挑战和重建自己的认知。认知行为治疗模式可以帮助贫困人口发现新的、更加理性的思维模式，这种思维模式能帮助贫困人口自助、自立，以实现更加有效率的生活。由于这是一种致力于改变贫困人口的非理性认知来促进其更好生活和发展的方法，因此社会工作者通常扮演的角色是积极的教导者和咨询者，他们通过改变部分贫困人口偏颇、非理性的想法、修正其非理性的自我认知，来加强贫困人口解决问题和自我控制的能力。在此过程中，社会工作者和贫困人口一起寻找认知中不恰当的观念和想法，与贫困人口一起探讨这种观念和想法改变的必要性，并排摸贫困人口潜在的非理性认知。在此基础上，社会工作者协助贫困人口建立理性的认知，以解决他们生活和发展中存在的问题。

第三，认知行为理论视角下社会工作对贫困人口进行“扶志扶智”的方法与路径。基于以上的讨论，我们知道认知会影响人的社会功能和情绪，而认知是可以改变的，行为的改变可以通过认知的改变来实现。认知行为理论特别重视人的能动性，能动性是认知的主体内部因素、行为和环境交互的产物。贫困人口主体能动性的发挥也是“扶志扶智”的目标。因此，对贫困人口的“扶志扶智”可以从以下方面展开：一是增强贫困人口的发展动力。社会工作通过个案工作、小组工作的方法提升贫困人口自我控制和自我协调的能力，以加强其对自身及社会环境的控制。例如，通过个案辅导增强贫困人口的自我效能和发展的信心，培育发展的能力等；通过心理辅导，协助贫困人口建立自我观念，学会独立自主和与人合作，有个人主见，敢于适度冒险；向贫困人口输入新的文化、知识和价值观念，传授实用的技术，从整体上提升贫困人口的素质；通过角色扮演、榜样示范，让贫困人口习得实用的社会生活技能和技巧。二是增强环境支持力。社会工作通过小组工作、社区工作等方法，利用集体的能动性和力量，使得贫困人口能够借助集体的力量实现发展。例如，借助政策的宣传与落实，让贫困人口更好地理解政策意涵，并进一步增强其自信心和主体意识；以参与激励或者任务完成激励的方式，营造勤劳致富、脱贫光荣的氛围；发展农村文化教育事业，营造良好的文化学习环境，促进乡风文明建设。

第三节　赋权理论

近30多年来，赋权理论在社会工作理论中受到了广泛的接受和认可。

赋权理论超越了传统社会工作模式，以其革新性和反思性引领社会工作理论的发展潮流。赋权理论重塑了人们对服务对象和专业关系的认知，强调服务对象的主动性和能动性。赋权理论为社会工作参与反贫困提供了理论解释和实践策略。在我国反贫困实践中，贫困人口主体性不足，主动性、能动性较弱，这是阻碍他们脱贫致富的重要因素。“扶志扶智”是解决贫困人口全面脱贫问题的重要途径和方法。赋权理论为社会工作参与“扶志扶智”的反贫困实践提供了有益的指导。

一、赋权理论的主要观点

赋权是社会工作中极富魅力的一种理论框架和工作方法，在社会工作服务中被广泛运用。赋权是与“权力”“权能”紧密联系的概念，是赋予服务对象“权力”以帮助服务对象找回自信并增强自我意识的过程，也是赋予服务对象社会政治意义上的“权力”，让服务对象变得更有力量的方法。赋权理论根植于传统社会工作，成长于20世纪60年代。赋权概念的提出者为美国学者所罗门（Solomon），其《黑人增权：压制性社区的社会工作》一书以黑人少数民族群体为研究对象，指出黑人少数民族群体由于缺乏生存和发展的必要资源，包括个体性资源、物资性资源、经济性资源等，难以完成自己的角色，于是产生了个体或群体的无力感、无权感。①② 个体或群体的无力感和无权感为他们招致了一些负面评价，这些负面评价使得他们被各种主流社会制度所排斥，这种排斥不仅存在于少数民族的组织与事件中，而且常见于贬

① 何雪松：《社会工作理论》，上海人民出版社2007年版，第144页。
② Wilhelmina Petite-Manns, “Black Empowerment: Social Work in Oppressed Communities,” *Barbara Bryant Solomon*, 1978, Vol. 52, No. 1, pp. 157 - 158.

低、蔑视他们的语言中。[①] 更为严重的是，这些个体或群体间还出现了自我排斥的现象，也就是在遭受排斥的过程中，个体或群体逐渐内化了一种对自我的负面认知，这使得他们逐渐丧失了获得公平的社会权力的欲望，加深了他们的无力感。赋权就是要将那些受到压迫的个体或群体从无力感中解脱出来。

因此，赋权理论首先需要面对的一个问题就是无力感的来源——不合理的社会权力关系，这是赋权理论所强调的社会中压迫者与受压迫者的关系。正是由于存在不合理的权力关系，个体或群体无法获取资源，从而产生无力感。我们不难发现，这个生活过程为个体积累了一些正性或者负性的生活经验。在良好的家庭中成长的个体会获得良好的成长经验，这些经验会协助个体参与社会生活，并建立参与社会生活的能力与信心，增强他们协调人际关系和运用社会制度的能力。这些能力让个体有效地扮演了社会角色。在这一路径下，个体资源能在家庭、社区、重要他人及环境中建立起来。但受压制的人群面临着一系列的直接性或间接性权力障碍。直接性权力障碍来自负性的早期生活经验，这些经验制约着个体对重要社会角色的承担，使其长期处于无力、无权的状态。例如，劣质服务导致的糟糕健康状况阻碍了个体的发展；稀缺的教育和就业机会限制了人们的社会融入，从而无法履行其社会角色。[②] 间接性权力障碍存在于社会关系中，个体或群体在社会权力架构中缺少参与、影响决策的机会，使个体或群体失去改变生活的自主性

---

① Payne B Keith, “Conceptualizing control in social cognition: how executive functioning modulates the expression of automatic stereotyping,” *Journal of Personality and Social Psychology*, 2005, Vol. 89, No. 4, pp. 488 - 497.

② Wilhelmina Petite-Manns, “Black Empowerment: Social Work in Oppressed Communities,” *Barbara Bryant Solomon*, 1978, Vol. 52, No. 1, pp. 157 - 158.

和能动性。早期负面的生活经验削弱了个体参与社会生活的能力和信心，影响了个体资源的发展，限制了个体人际资源的建立和各类技巧的习得，间接制约了他们完成社会角色的进程。可见，赋权理论更为强调的是改变社会结构施加于个体或群体身上的压迫和宰制，对不合理的权力关系进行改变，让个体或群体找回对生活的控制力。赋权理论强调服务对象的无权或无力来自压制性的体系，这些体系阻碍了个体或群体获得满足自身发展所需的部分资源。虽然环境有时确实会限制和封锁服务对象获取某些资源的渠道，但他们仍然能够自己克服困难和解决问题。赋权理论相信，个体、群体拥有一定的优势与资源，可以自己解决生活中的问题，并能够从体系压迫中复原。也就是说，个体、群体或社区能够凭借赋权所带来的力量掌控环境，并在此基础上进一步实现自身的目标。社会工作者应协助服务对象消除来自主观和客观的障碍，使服务对象体验到自身的力量，同时通过正面的经验来激发其内在的动力，进而使其掌控自己的生活。[①] 赋权是一个创造性地获取和运用个人权力的过程，它通过提升个体、群体及社区的政治权力，改变他们的无力感，让他们感到自身是有权力的，并基于此获得对自身和生活的控制。[②] 赋权理论视角下的社会工作基于以下五点假设来开展服务：(1) 环境的压制是个人无力感的来源；(2) 个人无法实现自我权能是因为社会环境中存在着直接或者间接的障碍，但是这些障碍是可以改变的；(3) 每

① 苏颂兴：《青年"充权"理论与自我实现——2004 年海外青年研究的一个热点问题》，载《青年研究》2005 年第 1 期。

② Gilbert J, et al. "The Languages of Empowerment and Strengths in Clinical Social Work: A Constructivist Perspective," *SAGE Publications*, 2005, Vol. 86, No. 2, pp. 267 - 277.

个人都缺少权能；(4) 服务对象是有能力、有价值的；(5) 社会工作者与服务对象的关系是一种合作伙伴关系。①

二、赋权理论视角下社会工作参与“扶志扶智”的反贫困实践

赋权理论将“权能问题”引入社会工作，更新了传统社会工作模式看待服务对象及专业关系的视角，使得以赋权理论为指导的社会工作实践模式表现出更多的可行性和建设性。在赋权理论视角下，贫困人口是指那些因直接性或间接性障碍及缺少政治、经济和社会机会，而在社会上处于不利地位的人，他们首要的特征表现为人均收入水平低于国际贫困线标准。我国多年的反贫困工作为贫困人口提供了强力的外部援助，使得贫困人口的经济收入状况逐步改善，但其自主发展意识和发展能力仍然欠缺，这成为贫困人口全面脱贫致富的新阻碍。此时，对贫困人口进行“扶志扶智”就显得尤为重要。赋权理论的价值取向与社会工作“扶志扶智”的目标吻合，社会工作参与“扶志扶智”的反贫困要做的工作就是，通过赋权来引导贫困人口激发自身的内在动力，让贫困人口找回生活的信心并建立对生活的希望，从而让贫困人口相信自己有能力在有利的社会环境的作用下改善自己的生活状况，让贫困人口变得越来越有“权能”，从“无力感”中慢慢走出来。

传统社会工作模式对服务对象的基本假设是服务对象是有问题的、病态的和非正常的。这意味着，服务对象之所以会面临各种问题，是因为他自身的原因，要么是生理上的问题，要么是心理上的问题。社会工作者将服务

---

① Lee J A B. *The Empowerment Approach to Social Work Practice: Building the Beloved Community* (*2nd ed.*). New York: Columbia University Press, 2001.

对象当作“病人”来对待，运用自己的专业理论、技巧、策略来治疗服务对象。在此种模式下，社会工作者与服务对象的关系是一种医患关系。赋权理论为社会工作者认识、理解贫困人口及专业关系提供了新的视角。在赋权理论视角下，贫困人口不再被看作问题人群，其问题的产生也不仅仅是生理或心理问题。它认为，贫困人口之所以贫困，是因为他们缺乏足够的能量和信心。赋权理论认为，贫困人口的需求之所以无法满足，是因为缺乏获取发展所需要的资源和权力的能力，而这种能力的缺失主要是由主流社会的歧视和压迫造成的。赋权意味着社会工作者相信贫困人口拥有能力，并能自己解决问题、掌握自己的命运。所以，在社会工作实践中，社会工作者视助人过程为分享权能的过程。社会工作者的角色是促进者或资源链接者。社会工作者通过专业服务的提供，挖掘或激发贫困人口的潜能；通过赋权，使贫困人口自己改变自己。在反贫困工作中，社会工作者与服务对象之间建立良好的关系是赋权介入成功的关键，两者之间只有建立一个互为资源、相互合作的专业关系，社会工作者才能更好地助力反贫困服务，贫困人口的权能才能充分发挥出来。

社会工作参与反贫困工作不仅仅关注对贫困人口进行物质上的援助，更重要的是重视贫困人口精神层面的援助，如贫困人口潜能的发挥、贫困人口自我效能感的增强、社区互助意识的培育、社区凝聚力的增强及可持续发展等。在赋权理论视角下，社会工作参与“扶志扶智”反贫困实践可以从个体、人际和政治三个层面展开，以树立贫困人口生活的信心和勇气、增强其社会生活的能力。

第一，个体层面的赋权。个体层面的赋权聚焦于个体内在的心理状态，注重提升个体心理上的控制感、自我评价和满足感，以增强个体控制自己生活的能力和对未来生活的信心。个体层面的赋权多运用于个案工作和小组工作中，以激发贫困人口的主体性和能动性，提升贫困人口的发展能力和影响社会环境的能力。一方面，贫困人口需要更新自我认知。社会工作者协助贫困人口重新评价自己，分析失败的原因及自我发展的机遇和可能性，增强其自我发展的信心及控制生活的能力，帮助其形成新的自我概念。具体来说，社会工作者为贫困人口提供机会，与贫困人口合作解决生活中的困难，协助贫困人口实现“自决”“自助”，让贫困人口认识到自己的目标是可以通过自己的努力达到的，避免产生“等、靠、要”等惰性思想，挖掘和发挥贫困人口在脱贫过程中的主动性。例如，以开展小组活动的方式，在一定程度上纠正贫困人口对贫困的理解和认识，改变他们的不合理信念，增强其脱贫的信心与决心，不断激发贫困人口的内生动力。另一方面，贫困人口不仅要发展明确的自我意识、增强自我效能，还要获取运用和拓展资源的能力及自我控制的能力。也就是说，通过赋权，贫困人口要发展适应环境的能力、运用和发掘资源的能力、自我抑制和约束的能力以及在不利环境下表达需求的能力。具体来讲，社会工作者可以依据“个别化”的介入原则，根据不同情况下贫困人口的需求，制订出具有针对性的服务方案，促进贫困人口知识水平、文化素养、思想觉悟、实践能力等方面的改善。例如，社会工作者可以结合具体地区的自然特点、社会环境和优势产业，邀请农业和非农业科技专家为贫困人口提供培训和相关的信息支持，通过知识和技能来改变贫困人口的观念、增强其信心，以争取更多的发展机会；可以发挥资源链接者的作用，整合社会资源，注重对贫困人口思维的影响及意识和能力的培养，不断引导和启发贫困人口增强个人能力、积极寻找发展路径。

第二，人际层面的赋权。人际层面的赋权重点关注贫困人口自我发展能力和影响社会环境能力的提升。人际层面的赋权主要是通过社会工作的专业服务，协助贫困人口扩大人际交往的范围和层次，建立社会关系网络，增强影响他人和环境的能力。贫困人口通过与他人的沟通互动建立良好的人际关系，形成社会关系网络，从而拥有一定的社会资本。一方面，贫困人口可以借助社会资本对他人施加影响；另一方面，社会资本也可以帮助贫困人口自身实现更好的转变和改善。此外，人际层面的赋权还能带来一个结果，那就是在社会互动的过程增强和提升贫困人口的自我形象，营造公平、平等的社会环境。小组赋权是一种很好的工作方式。虽然赋权的落脚点在于每一个贫困人口，但很多赋权活动是可以在贫困人口的集体内部开展的。贫困人口赋权小组可以为组内的每一个贫困人口提供帮助，减少组员的孤独感，并为组员技能的发展和自我意识的加强提供手段和环境。例如，社会工作者引导贫困社区成立农村经济合作组织，为贫困人口拓展参与与合作的机会，使贫困人口在参与与合作的过程中发展社会交往的能力，构建社会支持网络，同时也让贫困人口体验参与带来的成就感，进一步确认自己的价值，逐步增强发展自身的能力。

第三，政治层面的赋权。政治层面的赋权强调社会工作者通过赋权，协助个人或群体学习知识、技能去认识和影响政治进程。政治层面的赋权多以集体性活动的形式呈现，目标指向社会政策和社会决策。社会工作通过协助服务对象采取合法、有序的集体性行动，消除阻碍个人目标实现的资源和策略因素，合法争取自身的权力，进一步增强服务对象运用权力的能力和自信，帮助服务对象获得决定权和行动权，以影响社会政策和社会决策。贫困人口的政治赋权主要集中于利益诉求表达、社会参与度提高与集体性行动改善三个方面。一是推动贫困人口表达利益诉求。贫困人口的需求是多元的，一般来说，包括感觉性需求、表达性需求、规范性需求和比较性需求四种类型。部分贫困人口受自身知识文化水平的限制，无法澄清和理解自己的一些需求，这就需要社会工作者协助贫困人口厘清并清晰表达自身的需求，维护自身的权益。二是提高贫困人口的社会参与度。社会参与是贫困人口获取决定权和行动权、增强自我效能感的有效途径。社会工作者需要通过知识教育、意见表达、活动参与等途径，提高贫困人口对社会事务的参与度，特别是与个体相关性高的社会性事务，推动贫困人口对现实生活条件的认知，以促成贫困人口发声，提高贫困人口的社会影响力。三是集体性行动改善。社会工作者通过资源共享的模式将贫困人口聚集在一起，采用集体性行动策略，谋求贫困群体共同的成长与发展，为他们争取与健康社会和进步文化相匹配的公正、平等的待遇。

第四节　优势视角理论

一、优势视角理论的主要观点

优势视角立足于对“问题视角”的批判与反思，是对传统社会工作实践的激烈转向[①]，是传统社会工作实践的一次戏剧性飞跃[②]。社会工作自诞生

① Saleebey D, “The strengths perspective in social work practice: extensions and cautions,” *Social Work*, 1996, Vol. 41, No. 3, pp. 296 - 305.

② [美] Dennis Saleebey:《优势视角：社会工作实践的新模式》，李亚文、杜立婕译，华东理工大学出版社 2004 年版，第 4 页。

以来，受精神病学的影响，在提供服务时将注意力放在服务对象的问题上，着重分析服务对象的弱势和不足，因而问题视角成为社会工作实践的主流视角。问题视角将服务对象视为无能的、脆弱的个体，认为问题的根源在于服务对象本身所具有的缺陷和不足，从而忽略了服务对象的优势和潜能。优势视角超越了传统的社会工作实践模式，不再仅仅局限于服务对象的问题、缺陷和不足，而是着重于发现处于问题中的服务对象的优势和潜能。优势视角强调社会工作者在实践的过程中，不要把视线聚焦于服务对象的问题上，而应聚焦于服务对象所具有的优势和资源上，包括服务对象的能力、家庭和社区资源，通过社会工作者的赋权激发他们的潜能，来达到助人自助的目的。

优势视角理论的形成受到了符号互动论、赋权理论及抗逆力理论的影响。符号互动论认为，事物对个体社会行为的影响来源于事物相对个体而言的象征性意义。事物的象征性意义又来源于个体与他人的互动，是在互动过程中被赋予的。在互动过程中人们所使用的语言、文化、制度被视作符号。符号是人们互动的产物，它赋予了互动意义。因为个体在面对其所遇到的事物时，总是会通过自己的解释去运用和修改事物对他的意义，所以个体之所以被认为有问题，是有一系列的知识在支撑着这种判断的。符号互动论认为，“有问题的人”的出现与存在是源于周围人群在认知社会性世界的过程中所形成的刻板印象。那么，我们就需要在整体的社会背景中去理解个体的行为与经验。人们可以给服务对象贴上“问题”的标签，社会工作也可以通过一系列的服务揭下“问题”的标签，给服务对象重新贴上“优势”的标签，从而改变社会工作实践模式。赋权视角同样也是对传统社会工作实践模式的超越，它也强调问题不是由服务对象造成的，而是权力压制的结果。它注重从结构层面消除权力障碍，挖掘个人潜能，以增强服务对象掌控环境、实现自我目标的能力。赋权理论充实了优势视角理论的内核。抗逆力理论也与优势视角理论紧密相连。抗逆力理论认为，对脆弱性、风险和障碍的过分强调削弱了个体应对困难的能力，而个体拥有的保护性因素会使个体重构平衡，获得良性发展。社会工作相信服务对象在面对困境和压力时，懂得如何处理不利条件，理性地选择正向的、建设性的方法面对困境和压力，从而产生积极、正面的结果。

优势视角包含了优势、赋权、成员资格、抗逆力、治愈等核心概念。其一是优势。优势是服务对象应对困难的能力，是服务对象在压力面前能自我协调以维持正常社会功能发挥的能力，是面对重大创伤触底反弹并增强抗逆力的能力，是运用外部挑战刺激成长和唤醒潜能的能力，是利用社会支持主动调整或增加弹性的能力。每个人都具有自身的优势，如个人品德、人际沟通技巧、情绪管理等，它们在某种特定条件下可以被视为一种优势。其二是赋权。优势视角致力于发现服务对象的优势，挖掘服务对象的潜能，这就需要剔除服务对象身上的问题标签，以增强服务对象权能，寻求结构与系统的突破。赋权聚焦于服务对象的能力和权力，致力于为服务对象提供更多的机会和可能性。其三是成员资格。优势视角承认服务对象和所有人一样，享有成员身份所带来的自尊、尊重和责任。成员身份是赋权的基础，只有获得了成员资格，才能享有参与权。没有成员资格便易陷入被边缘化、被异化和被压迫的危险境地之中。其四是抗逆力。抗逆力是一种耐挫力，是一种心理弹性，也是一种资源和资产，是个人面对压力和困境时的保护性力量。其五是治愈。治愈意味着服务对象的身体和心灵机制得以整合和调动，通过凝聚力量,帮助服务对象渡过难关,恢复与环境之间的良性关系。

此外,必须强调的是,优势视角使社会工作实务回归最初的与服务对象一同工作的价值理念中。这一视角使得社会工作专业由社会工作者定义服务对象的问题与不足,开始转向在平等与合作关系中识别和聚焦服务对象的优势、能力及各种可能性。优势视角下的社会工作在服务时遵从以下几点原则:(1) 个人、团体、家庭和社区都是有优势的;(2) 创伤、虐待、疾病和抗争具有伤害性,但它们同时也可能是一种机遇;(3) 与服务对象合作,可以为服务对象提供最优质的服务;(4) 所有的环境都充满资源;(5) 社会工作者与服务对象是一种平等、合作的伙伴关系。

二、优势视角下社会工作参与“扶志扶智”的反贫困实践

作为社会中的弱势群体,贫困人口是反贫困工作的重点对象。优势视角有利于发挥贫困人口内外在的优势资源,帮助他们提升自身的能力,最终摆脱贫困。优势视角对社会工作参与“扶志扶智”的反贫困实践的指导作用主要体现在三个维度。

首先,优势视角让社会工作者从更为积极的维度看待贫困人口。自社会工作产生以来,贫困便被视为个体无知、无能的产物。问题视角向优势视角的转换,帮助社会工作者看到了贫困人口在面对逆境时其适应环境和维持生存的保护性策略和技巧,比如说贫困人口的福利依赖是贫困人口在长年的生活历程中所形成的“生活智慧”和应对策略,是贫困人口将个体的能力缺乏与自主发展风险评估进行综合衡量后采取的理性行动。这是贫困人口在身处不利处境时解决困境的能力,是贫困人口抗逆力的一种体现。优

势视角让社会工作者看到了贫困人口更多的生活智慧和生存技巧，让社会工作者聚焦于贫困人口的优势，去挖掘贫困人口的优势和潜能，发现贫困人口更多的可能性。与此同时，贫困人口能力的提升、处境的改善，进一步消除了人们对于贫困人口的负面印象，这又进而会提升贫困人口的信心，促使其平等地参与到社会发展过程中。如此，便形成了一个良性循环，真正达到助人自助的目的。

其次，优势视角帮助社会工作者更客观地认识和理解社会工作参与“扶志扶智”反贫困实践。社会工作参与贫困人口“扶志扶智”，是社会工作者在个人、家庭和社区层面，充分挖掘和利用来自贫困人口的期望、能力和自信的个人优势，以及来自环境的资源、社会关系和机会的环境优势，帮助贫困人口形成抗逆力，引领贫困人口在恶劣环境下学会处理不利条件的技巧和方法，达至改善处境，脱贫致富的目的。“扶志扶智”的过程实质上是一个帮助贫困人口提升抗逆力的过程，在这个过程中贫困人口的抗逆力通过学习不断得以增强。

最后，优势视角为社会工作者参与“扶志扶智”提供了实践策略，包括聚焦贫困人口的优势，更新贫困人口自我认知；启发贫困人口的发展愿望，提升贫困人口发展能力；提升贫困人口的参与性，培育贫困人口的主体意识及善用社区资源，建构社会支持网络等。

（1）聚焦贫困人口的优势，更新贫困人口的自我认知。社会工作者可以通过尊重和欣赏服务对象来启动助人工作。① 社会工作者在为贫困人口提

① Saleebey D, *The Strengths Perspective in social work practice*, Boston: Allyn and Bacon, 2006.

供服务的过程中首先要关注的是贫困人口的能力、知识、才干、经验等具有优势的方面，而不是不足和缺陷，如受教育水平低、专业技能水平差、视野窄、思维落后等，要将关注点放在贫困人口表现突出的地方，如贫困人口百折不挠的韧性、脚踏实地的干劲、朴实的品质等，这样才能让贫困人口看到改变的可能性，提升他们对未来的期望。这就需要社会工作者在与服务对象互动的过程中，通过观察生活事件和贫困人口对生活事件的回顾，去发现贫困人口的优点并给予肯定，唤起其过去的正向经验。同时，社会工作者应将贫困人口身上的优点明确地展示出来，帮助贫困人口转变看待自己的视角。在此过程中，如何靠近贫困人口，如何进入贫困人口的日常生活，如何走进贫困人口的内心世界，如何让贫困人口毫无保留地信任社会工作者，都依赖于社会工作者与贫困人口之间建立起的平等、合作的专业关系。只有在这样的专业关系之中，社会工作者才能认识到贫困人口是具有能力和权力的，其能够积极、主动地生活，具有解决问题的能力。此种专业关系还能够让贫困人口感知到来自他人的支持和帮助，从而拥有克服生活困难的希望。

(2) 启发贫困人口的发展愿望，提升贫困人口发展能力。优势视角强调聚焦服务对象优势的同时，也承认服务对象是具有无限天赋和潜力的个体。服务对象处于不利处境，是因为服务对象的天赋和潜能还未被充分发掘。一是，优势视角下社会工作参与“扶志扶智”的反贫困实践的目的就是要发掘贫困人口的优势，调动贫困人口的主观能动性和主动参与性，促成贫困人口的成长和改变。社会工作者通过提供服务，帮助服务对象看到、发展和提升自己的能力，将他们从问题标签中解放出来，成为一个全新的人。因此，社会工作者首先要发现贫困人口的能力，并对他们给予肯定和鼓励。社会工作者通过日常生活事件，来洞察贫困人口的表达能力、反应能力，找到他们身上的闪光点。二是，社会工作者需要启发贫困人口改变的欲望，激发其内在动力。社会工作者在与贫困人口沟通有关未来需要的议题时发现，贫困人口很难准确表达出对未来发展的需求和愿望，特别是对未来发展的期望。有时他们会说“没想过”，有时他们只聚焦于当下的困境，如改善一下房前屋后的道路等。这些表达的背后不是他们没有需求，没有发展的愿望，而是不能、不敢、不会去思考更为深远的议题。因此，社会工作者需要与贫困人口做长期且深度的讨论，逐步引导贫困人口发现未来改变的方向和可能性，并讨论未来做出改变时所应运用和开拓的资源、策略。对未来发展的期望能够引导贫困人口的行为，这样期望、目标就成了贫困人口发展的动力，并持续推动贫困人口的发展。必须强调的是，在提供服务的过程中，社会工作者应注重培养贫困人口自立、自决的能力。最后，社会工作者在帮助贫困人口的同时，也需要和贫困人口一起讨论、分析他们在改变的过程中可能会遇到的各种困难和阻碍，并商讨解决问题的相应策略和技巧，以提升贫困人口的抗逆力，维持他们较为长久的改变。

(3) 增强贫困人口的参与性，培育贫困人口的主体意识。社会工作的核心价值原则之一——自决原则，强调服务对象具有独立意志和自我决定权。所以，在社会工作的服务中，社会工作者是服务的提供者、使能者、促成改变者，而贫困人口承担自身改变的主要责任。社会工作者需要鼓励贫困人口参与家庭、社区等各项活动，让贫困人口为自己的成长和发展负责。在此过程中，社会工作者需要和贫困人口一起努力，捕捉、发掘和了解贫困人口潜藏的资源和优势；澄清并分析问题的根源；探讨多种解决方案的可行性；制订服务计划并和贫困人口讨论发展的目标；促成贫困人口进行行动抉择。

（4）善用社区资源，建构社会支持网络。社会工作秉持服务对象的问题不是来自个人，而是来自环境的原则，如地理环境恶劣、气候条件恶劣、政府基层组织治理能力弱、贫困地区市场机制发育不成熟等原因。优势视角注重社区资源的建设，将其视为提供服务的目标和结果。所以，在社会工作参与“扶志扶智”的反贫困实践的过程中，社会工作者应该重视社区资源并且善于利用社区资源，为贫困人口建构起支持网络，协助贫困人口找到解决问题的方法，助力贫困人口获取社区成员资格，平等参与社区生活。特别是在建构贫困人口的社会支持网络时，社会工作者需要探寻其固有资源、链接外部资源、整合分散资源、增强资源补充力度，协助贫困人口建构支持网络，并培育其妥善运用资源的能力。这也是社会工作参与“扶志扶智”的反贫困实践的重要内容。

第五章　社会工作参与“扶志扶智”的反贫困的实践框架

“扶志扶智”兼顾物质扶贫和精神扶贫，从而推动物质和精神的双重脱贫，既关注贫困人口基本生存需求的满足，又关注贫困人口主体性的发挥，特别重视贫困人口内生动力的激发。对贫困的理解，大多数情况下学者们侧重于物质资料的维度，强调贫困是物质资料匮乏的一种生存状态。但“贫困不完全是就绝对意义上的生活水平而言的，它的真正基础在心理上。”①经济基础决定上层建筑，但人们的思想观念具有相对的独立性，并不仅仅是被动地受制于经济基础，而且它还深刻地影响着人们改造世界的实践活动。贫困是一个系统性、整体性的社会问题，扶贫应是一种全面的扶贫。所以，摆脱贫困不仅需要改善人们的物质生活，而且需要改善人们的精神生活，同时，需要改变在贫困场域中人们被形塑的贫困观念，使贫困人口由被动接受帮扶向主动自我发展转变。

---

① ［美］马尔科姆·吉利斯、怀特·H·波金斯：《发展经济学》，李荣昌、胡和立译，经济科学出版社 1989 年版，第 103 页。

第一节 社会工作参与"扶志扶智"的反贫困实践的使命与目标

一、社会工作参与"扶志扶智"的反贫困实践的使命

"使命"作为一个抽象的概念，在描述一个专业时，通常包含两层含义：一是界定专业的目标与策略；二是表现专业的价值和行为。目标反映的是专业生存的理由，策略反映的是专业达成目标的规划；价值反映的是专业信念，行为反映的是专业运作的政策和行动模式。由此可见，专业使命不仅能够反映一个专业的信念、价值观、目的与策略，而且能展示出此专业的发展方向及专业在社会公众中的鲜明形象。①

社会工作作为一门专业，其价值基础是人道主义和社会的公平与正义，专业目标是协助个人、家庭及群体解决社会问题，满足人类需求，缓和社会矛盾；专业策略是运用个案工作、小组工作及社区工作等方法帮助弱势群体通过自助和互助来增强其适应社会环境的能力；专业行为是强调现代行为科学知识和技术的综合运用。因此，社会工作的社会使命是解决社会问题，满足社会需求，维持社会稳定；专业使命是以"助人自助"为核心，通过提供专业服务来济贫解困，维护弱势群体的权益，激发弱势群体的潜能，恢复和增强其社会功能，最终提升他们的生活福利水平。从社会工作参与"扶志扶智"的反贫困实践来看，其核心价值理念是"助人自

① 孙莹：《社会工作者在我国城市反贫困中的使命和角色》，载《华东理工大学学报(社会科学版)》2005 年第 1 期。

助”，即通过专业服务的提供整合社会资源，挖掘服务对象的潜能，解决脱贫过程中贫困人口“志智不足”的问题，以恢复贫困人口的社会功能。社会工作参与“扶志扶智”的反贫困实践，在微观层面上使贫困人口走向自立、自主、自强，实现独立发展；在中观层面上挖掘贫困人口的潜能，建立社会支持网络；在宏观层面上促进社会的公平与正义，维护社会的和谐与稳定。

二、社会工作参与“扶志扶智”的反贫困实践的目标

作为化解反贫困工作难题的有效途径，“扶志扶智”赋予了社会工作新的历史使命。社会工作参与“扶志扶智”反贫困实践的服务目标体现在服务对象和社会两个层面上。服务对象层面的服务目标集中在贫困人口“志”和“智”上，是微观层面的目标，简单地说就是要增长贫困人口的志气，发展贫困人口的智慧，让贫困人口在心理上具有自主脱贫的勇气、志气、信心和意志，在行动上具有与社会环境相适应和协调的综合素质和能力。具体而言，社会工作参与“扶志扶智”的反贫困实践的目标是贫困人口与社会工作者一起合作，通过社会工作的专业服务，使贫困人口的自我意识得以更新，自我发展能力得以提升，主体意识得以唤醒，社会参与性得以增强，发展愿望得以明确，社会支持网络得以建构。社会层面的服务目标是宏观层面的目标，即化解反贫困工作过程中的难题，消除贫困文化带来的影响和阻碍，完善扶贫工作机制，激发社区发展活力，维持社会稳定，促进社会的公正与正义（见表5－1）。

表 5-1　社会工作参与“扶志扶智”的反贫困实践的目标

目标层面	目　　标	目 标 细 化
服务对象层面	增长志气(心理层面)	更新自我意识 唤醒主体意识 提高自我效能 启发发展愿望
	发展智慧(行为层面)	提升发展能力 建构社会支持网络 增强参与性
社会层面	化解脱贫攻坚中的难题,促进社会的公正与正义	消解贫困文化 完善扶贫工作机制 激发社区发展活力

(一) 服务对象层面的服务目标:增长志气,发展智慧

第一,“扶志”是为了增长贫困人口的志气,激发贫困人口的自主发展意愿,增强贫困人口自主发展的内部驱动力(也就是我们通常所说的内生动力)。贫困人口的内生动力是贫困人口持续脱贫、防止返贫的重要保障。社会工作参与“扶志扶智”的反贫困实践,采用多种策略增长贫困人口的志气,激发贫困人口的行为动力和行为能力以及其内心的正向能量,破除他们“等、靠、要”的思想桎梏。

一是社会工作者通过“扶志”,更新贫困人口的自我意识。自我意识影响和制约着人的人生选择和行为取向。准确的自我认知能调动人自身的潜能,激发自身内在的强大动力,并能对自身的注意力、情感、行为等加以控制,指导自身的行为达到预期的目标。贫困人口的自我认知常常表现为负面的自我评价和消极的自我体验,特别是那些长期处于贫困中的人,他们会认为“我是没有本事的人”“我是很差劲的人”“我是很失败的人”,在这样的

自我认知下，贫困人口的自我体验是自卑、内疚和羞耻。负面的自我评价和消极的自我体验影响着贫困人口的发展行为，使得贫困人口缩手缩脚、害怕失败、不敢尝试、不敢努力。因此，社会工作者帮助贫困人口更新自我认知，从优势、潜能的维度使其重新认识自己，看到自己的能力，从而勇敢地去尝试改变。二是社会工作者通过“扶志”，唤醒贫困人口的主体意识。社会工作者帮助贫困人口看到自己对自己、对家庭、对社区、对社会的责任所在，通过专业的服务活动让贫困人口为自己负责，主动做出改变。三是社会工作者通过“扶志”，增强贫困人口的自我效能感。大多数贫困人口的自我效能感较弱，通常表现为在困难或挑战面前畏缩不前、情绪化处理问题，以及在压力面前束手无策。社会工作者通过专业的策略和技巧帮助贫困人口树立成功的信念，增强自我效能感。四是社会工作者通过“扶志”，启发贫困人口的发展欲望，明确他们未来的发展目标。目标是一种行为动力，受个人的认知、情感、意志、行动的影响，社会工作者帮助贫困人口树立对美好生活的向往，以此引导贫困人口内在的需求表达，及时采取指向目标的行动。

第二，“扶智”是为了发展贫困人口的智慧，提升贫困人口自主发展的能力。具体而言，社会工作“扶智”的目标聚焦于发展能力、参与性和支持网络。一是要综合激发贫困人口的潜能，提升贫困人口的发展能力。贫困人口之所以自我发展意愿不足，有很大一部分原因是其缺乏适应市场经济的谋生技能，如他们受教育水平较低，掌握新知识、新技能有难度，跟不上产业发展的节奏等。社会工作通过“扶智”提高贫困人口的科学文化素质和劳动技能来提高贫困人口的综合素质，促进贫困人口观念的转变及自主脱贫意识的增强。社会工作从科学文化知识教育、职业技能教育、产业发展与市场经营知识教育等方面多管齐下，来加强劳动者的素质、技能、经营意识等，提升贫困人口在社会和市场中的个人竞争力。二是社会工作者通过“扶智”，增强贫困人口的社会参与性。社会参与是贫困人口维护自身权益、获得社区成员资格的重要途径，也是提升贫困人口人际沟通能力和社会适应能力的重要技巧。社会工作参与“扶智”的反贫困实践，除了增强贫困人口的文化和专业技能外，还提升贫困人口适应社会发展的能力。三是社会工作者通过“扶智”，帮助贫困人口构建社会支持网络。社会支持网络是维持贫困人口社会成员身份的重要途径，能够为贫困人口提供物质援助、心理抚慰与情感支持等各类资源与信息。一般来说，一个人所拥有的社会支持网络越强大，就能够越好地应对各种来自环境的挑战。“扶志扶智”的反贫困实践强调通过干预贫困人口社会网络的方式来改变贫困人口的生活。特别是面对贫困人口拥有社会网络资源不足或者利用社会网络的能力不足的状况，社会工作者致力于帮助他们扩大社会网络资源，增强其利用社会网络的能力，从而建构社会支持网络。

同时，“扶智”还是有效帮助贫困人口摆脱贫困的代际传递的重要途径之一，也是实现长期、持续、稳定和彻底脱贫的重要保障。社会工作参与“扶智”的反贫困实践，通过发展乡村教育，既阻断贫困的代际传递，又促进贫困人口的“能力脱贫”。

（二）社会层面的服务目标：化解难题、促进公正

社会工作参与“扶志扶智”的反贫困实践，在社会层面的服务目标是化解反贫困工作中的难题，促进社会公正。具体来说，为了化解难题，促进公正，社会工作需要实现如下具体目标：一是完善扶贫政策与工作机制。反贫困工作的本质要求是提供基于贫困人口需求的制度供给，并根据现实的发

展趋势，创新制度供给机制和方法。“扶志扶智”的工作方法受到各界扶贫力量的重视，政府围绕激发贫困人口内生动力制定和实施了各种帮扶政策，但一时间帮扶效果有限，主要原因在于供给制度与农户制度需求之间的结构不匹配①。在此种情况下，社会工作者作为政策倡导者去推动扶贫政策与工作机制的进一步完善，让扶贫政策真正内化成贫困人口的自主发展意识和自主发展行为。二是消解贫困文化。贫困特别是长期贫困有一个很重要的影响因素，那就是贫困文化，即贫困人口长期处于贫困中，形成了特定的价值观念、生活方式和行为规范。这种文化容易对身处其中的人和其后代产生深远的影响。社会工作通过强化扶贫政策宣传，输入新的文化、知识和价值观念等方式和策略，来消解贫困文化，培育自力更生、奋发图强、积极向上的文化氛围。三是激发社区活力。贫困地区尤其是深度贫困地区，地理位置相对偏远，自然灾害频发，生产和生活条件较为恶劣。贫困社区在与外部交流有限的情况下，内部的互动频率较低，凝聚力也较弱。社会工作者通过专业的服务，拉近贫困人口之间的距离，融洽他们之间的关系，活跃社区的气氛，从而增强贫困地区的凝聚力。

第二节　社会工作参与“扶志扶智”的反贫困实践的介入理念

社会工作参与“扶志扶智”反贫困实践的介入理念，实质上是社会工作

① 邓靖：《扶志扶智协同促进农户内生发展的现实困境及实践路径》，载《中国经贸导刊（中）》2018 年第 23 期。

的价值理念在“扶志扶智”的反贫困实践中的具体体现。精神贫困是阻碍贫困人口脱贫及防止返贫的重要因素，社会工作参与“扶志扶智”的反贫困实践，是以接纳、尊重、自决、社会参与、以人为本的价值理念为指导开展的实践，它通过唤醒贫困人口的自尊、树立他们的自信、开发他们的潜能、输入希望等策略，最终实现“助人自助”。这也就意味着，社会工作者必须着眼于贫困人口的优势和潜能，重视贫困人口的主观能动性和主体参与性，强调贫困人口在改变过程中的意愿。

一、尊重接纳、唤醒自尊

尊重和接纳是社会工作的基本价值理念之一。社会工作相信每个人都具有与生俱来的价值和尊严，相信每个人都有能力引导自己的行为，相信每个人都有自我实现的驱动力。尊重、接纳的价值理念对社会工作参与“扶志扶智”的反贫困实践来说意义重大。“扶志扶智”反贫困社会工作的服务对象的特点是自主发展意愿和自主发展能力不足，其原因或是懒惰、不思进取，或是对自主发展与接受政策扶持综合判断后选择一味依靠政策扶持，抑或是遭遇挫折后的自暴自弃。这些原因背后都潜藏着贫困人口脆弱的自尊和自信，这也让贫困人口将自己紧紧地包裹起来，不轻易向他人展示自己真实的内心世界，不敢期盼更好的生活。这就需要社会工作者通过尊重和接纳，为贫困人口营造一个安全、温暖和宽松的环境，使其卸下防备，自由并安心地敞开自己的内心，与社会工作者一起探讨自己的内心世界，探寻自我的能力和能量，明确生活的目标；通过尊重和接纳，与贫困人口建立起信任、和谐的工作关系，真诚表达、真心互动，提高工作效率；通过尊重和接纳，唤醒贫困人口的自尊和自信,鼓励他们重新审视自己,肯定自己的价值,恢复生活的勇气和信心,最终脱贫致富。

对于贫困人口来说,尊重包括对贫困人口的文化、风俗和生活习惯的尊重,也包括对贫困人口生命价值和基本权利的尊重。尊重是尊重每一个人独特的价值和尊严,不因其性别、年龄、国籍、种族、信仰、社会经济地位、家庭背景或者对社会的贡献不同而有所差异。如此可以为贫困人口的生存与发展提供保障,为贫困人口获得发展所需的资源和服务提供可能。对社会工作专业服务来说,尊重主要体现为社会工作者在接触并与贫困人口沟通互动的过程中始终秉持尊重的态度,对贫困人口保持非批判的立场,不将自身的价值观强加在贫困人口身上,也不指责贫困人口的言行和价值观,尊重贫困人口在服务过程中表达的观点、意见或决定。

接纳是社会工作者行动的原则。接纳是指社会工作者在服务的过程中感知真实的服务对象,包括他们的长处和弱点、优秀的品质和低劣的品质、正面的感受和负面的感受等,并将服务对象视为工作过程中的重要伙伴。这就意味着,在对贫困人口开展服务的时候,社会工作者要积极主动地理解贫困人口,尊重对方作为一个独特的个体的价值和人格。社会工作者还需要主动去了解贫困人口行为背后的原因并从历史、现实、生理、心理、社会等多个维度对这些原因进行解读。只有充分了解了行为背后的原因,社会工作者才能对贫困人口持有更加宽容和尊重的态度,才能更好地接纳贫困人口。比如,在服务贫困人口的过程中,社会工作者经常会去了解贫困人口的收支情况,贫困人口报减收入和报增开支的现象时有存在,部分贫困人口家庭的收入呈现收不抵支、收支差距大的情况。社会工作者如果将贫困人口的做法视为说谎、不真诚的表现,那么就会动摇双方良好的专业关系,特别是可能会引起双方心理联系的松动。但如果社会工作者能换个角度,从中国文化中的财不外露、对未来生活保持忧患意识等维度去理解贫困人口的言行举止的话,就更容易建立起双方的信任关系。

二、维护自决、输入希望

自决权是指服务对象有表达自己观点并据此行动的权力。维护"自决"是社会工作者对服务对象尊严的尊重,是对服务对象能力的相信。在社会工作参与"扶志扶智"反贫困实践的过程中,自决是实现贫困人口自主发展的重要驱力,是培养贫困人口主体意识的重要方式。贫困人口拥有自决权意味着贫困人口是自己的主人,他们的命运是掌握在他们自己手中的;意味着贫困人口对自己的生存和发展负有主要责任;意味着贫困人口要学会探究问题和解决问题;意味着贫困人口在改变的过程中会经历挣扎、煎熬、失败,最终完成自我实现。这里"自决"的意涵实质上就是贫困人口所缺乏的特质和能力,也就是"扶志扶智"所需要达成的目标。部分贫困人口对未来迷茫、对困难无措、对生活叹息。他们对未来没有期盼,得过且过、听天由命;他们面对生活中的苦难和挑战茫然不知所措、听之任之;他们对生活感到无可奈何,既无力承担,又无力改变。所以,社会工作者在服务的过程中要给予贫困人口自决的权力,让他们感受到为自己的生活做主,为自己的人生负责时的自我责任感和自我控制感。

在社会工作参与反贫困的实践中,由于社会工作者与贫困人口专业能力、专业水平、社会地位等方面的不对等,很容易出现社会工作者为贫困人口做决定、大包大揽的局面。比如，社会工作者看到贫困人口居住的地理位置比较偏远，生产生活不易，便要求其进行易地搬迁，或者在生计项目发展上为贫困人口做抉择等。这种方式不仅不能帮助贫困人口自立，而且比较容易引发贫困人口对社会工作者的依赖，或是导致贫困人口放弃自我责任，靠索取度日的不良后果。为服务对象做决定和做选择最终导致的只能是更大的依赖。所以，在“扶志扶智”的反贫困实践中，社会工作者一定要重视让贫困人口拥有自决权。贫困人口是脱贫致富的主体，他们有权力选择自己的生活方式，有权力确定自己未来的发展方向，有权力选择解决问题的方式，更有权力采取行动改善自己的生活。社会工作者不仅要有这种意识，而且要将这种意识传递给贫困人口，将这种意识植根于贫困人口的意识中。只有拥有自决权，贫困人口才能体会到自己肩负的发展的责任，才会不断探索适合自己的解决问题的方式，才能不断地对自己的生活进行反思，在挫折、痛苦中逐步蜕变，慢慢看到自己的成长、发展和变化，进而看到生活的希望，体会收获的喜悦。

但“自决”并不意味着社会工作者在面对贫困人口脱贫时采取袖手旁观的态度，对贫困人口的脱贫进程不闻不问，而是要采取耐心陪伴、积极支援的方式给贫困人口输入希望。解决贫困人口面临的困难的方法是多种多样的。社会工作者可以与贫困人口共同分享与服务内容相关的感受和经验，为其提供建设性的意见和建议。在贫困人口采取行动时，社会工作者要留意贫困人口的点滴进步，关注和肯定他们的选择，认同他们的正面表现，表彰他们的积极言行，让贫困人口感受到外界力量的支持，同时认识到自己是充满力量和可能的行动主体。

三、聚焦优势、发展潜能

社会工作相信每个人都有改变和发展的内在动力。虽然贫困人口面临这样或是那样的困难，但是在每个贫困人口身上，我们都能看到一些优势和能力，如节俭、能吃苦、坚韧不拔、踏实、乐于助人等。然而，在“贫困”这一标签的遮蔽下他们的这些优点被自身所遗忘或者忽略，反而特别将自己生活中的困顿和艰难、缺陷和不足不断放大。因此，社会工作者在“扶志扶智”的反贫困实践中，要聚焦贫困人口的优势，挖掘和发展贫困人口的潜能，让贫困人口运用自身的力量来解决自己面临的问题和困难，这一点是非常重要的。从个人层面来看，协助贫困人口发现其自身的潜能，有助于他们增强自信心，减少自卑感；从人际互动层面来看，可以协助贫困人口发现环境中的优势资源，帮助贫困人口建立社会支持网络，提升其社会资本，增强其自信心；从个人与社会的关系层面来看，可以将贫困人口的问题与社会上的权利失衡、资源分配不均联系起来，社会工作者与贫困人口共同采取行动以改变现状，在解决困难的过程中增强他们的自我效能感，促进他们解决问题能力的提升。特别是，社会工作者通过加强贫困人口的社会交往、人际关系、社会参与等方面的能力，丰富贫困人口的人力资本和社会资本，提升贫困人口的社会参与能力，使贫困人口在社区和社会公共事务中有更多的发言权，提升他们的“社会人”属性，改善他们被边缘化的状况，最终实现“助人自助”。

四、以人为本、助人自助

社会工作的本质是以人为本。以人为本的价值理念始终相信，人总是趋于向自我实现的方向发展的。以人为本的价值理念要求，社会工作者要认识到，贫困人口所面临的“志智不足”的问题不是一种特殊的客观状态，而是被主流价值观诠释的主观界定，社会工作者要警惕给贫困人口贴标签。以人为本要求社会工作者在服务的过程中将贫困人口置于服务的中心，聚焦于贫困人口的主观能动性和创造性，在帮助贫困人口解决问题的同时，促进他们的自我改变。以人为本还特别强调平等的专业关系，在此价值理念指导下，社会工作者认为良好的专业关系是服务提供的基础。社会工作者与贫困人口之间要建立起平等、信任的专业关系。这就要求社会工作者是真诚的，不将自己的价值观强加给贫困人口；要求社会工作者无条件地接纳贫困人口，让贫困人口感受到自己被尊重，相信自己拥有潜在的价值；要求社会工作者以同理心与贫困人口建立联结，准确地领悟贫困人口的现实感受，理解贫困人口对周围世界的感知。

以人为本体现为“助人自助”服务理念，而“助人自助”则是社会工作专业的服务宗旨。“助人自助”是指社会工作者通过与服务对象接触并深入了解，采用心理辅导、技术培训、资源链接等方式帮助服务对象发掘自身潜能，解决服务对象遇到的问题，并提升服务对象解决自身问题的能力的过程。“助人自助”强调发掘服务对象的潜能，提升服务对象解决问题的能力[①]。所谓“助人”是指社会工作者运用专业知识与技术，帮助服务对象梳理情绪，缓解心理压力，满足其实际需求；所谓“自助”是指社会工作者整合服务对象所具有的各种社会资源，为服务对象提供专业的服务，培养服务对象自立和自

① 龚利姣、雷大霞：《精神扶贫的社会工作介入：助人自助视角》，载《产业与科技论坛》2019 年第 4 期。

强的能力，从而彻底摆脱困境。“助人自助”的价值理念既强调治标也强调治本，但将治本作为最终目标。社会工作者既要帮助服务对象解决他们所面临的社会问题，也要注重在解决问题中恢复和培育服务对象的自助能力。在社会工作参与“扶志扶智”的反贫困实践中，“助人自助”包括两个层面的内容：一是社会工作者通过个案工作、小组工作及社区工作等专业活动的开展，帮助贫困人口解决情绪压力与困扰，摆脱“等、靠、要”等惰性思想，积极参与反贫困进程，以满足贫困人口的实际需求，解决他们面临的现实问题；二是注重贫困人口的“自助”能力建设，在社会工作专业活动中帮助贫困人口自我成长，使贫困人口在接受专业社会工作服务之后树立正确的脱贫意识，积极依靠自身力量摆脱贫困。“助人自助”不仅有助于解决贫困人口所面对的具体问题或困难，而且有助于贫困人口增强自身能力，探索自我存在的意义，提升自身的主体性、主观能动性和创造性。因此，社会工作者要以“助人自助”的理念为指导，促进贫困人口的内在觉醒，使贫困人口意识到自身所处的困境；与此同时，社会工作者还要协助贫困人口从内心接纳自己，即从思想观念上帮助贫困人口树立“自助”理念。

第三节　社会工作参与“扶志扶智”的反贫困实践的功能定位

贫困是市场经济的制度性排斥和人们面对风险的脆弱性相结合的必然结果。在此双重压力之下，贫困人口不仅基本的物质需求得不到满足，而且融入社会获取归属与爱的需求也无法得到满足。现实生活中，贫困人口处于被主流社会隔离和孤立的状态，这给他们的精神和心理带来了严重的创伤。事实证明，贫困问题不能得到及时、彻底地解决，不仅会引发社会冲突，还会危及国家和地区的安全稳定与可持续发展。作为一项专业的社会服务活动，社会工作运用专业的知识和技术为遭受贫困的人提供必要的物质和精神援助，保障了他们的基本生活，增强了他们适应社会的能力，在一定程度上缓解了由贫困带来的社会紧张和冲突，对社会的稳定和发展发挥了重要的作用。社会工作“助人自助”的宗旨与“扶志扶智”的内在需求是相一致的。社会工作者可以运用专业的知识和技术，结合贫困人口的心理、生理和社会状况进行有针对性的服务，通过培育贫困人口自身的“造血”功能，巩固政府和社会的“输血”扶贫成果，充分调动贫困人口的“志”“智”内力和动因，提升贫困人口参与社会生活的能力，以实现他们自身更高的社会价值。

一、微观层面：提供差异化的服务，增强脱贫信心和能力

社会工作参与“扶志扶智”的反贫困实践，从微观层面来讲，就是要精准识别每一个家庭、每一个贫困人口因贫困而引发的信念偏差、非理性认知、非理性行为、心理障碍及自我效能感低等问题，然后为其提供具有差异化、个性化的服务，真实、有效地帮助贫困人口解决问题，增强他们脱贫的信心和能力。[①] 运用社会工作的理论视角来看待贫困人口，每一个贫困群众都是独特的个体，其贫困的原因也各有差异。社会工作在反贫困实践中就是要依据差异化的问题为贫困人口提供个性化的服务。

① 程胜利：《论专业社会工作在城市反贫困中的作用》，载《社会工作》2004 年第 2 期。

贫困的产生既有制度性、社会性的原因,也有个人自身或家庭的原因。前者具有共性,需要通过政策改变、环境建构、行政方式变化等宏观层面的介入,后者却是千差万别、各具特点的。因此,社会工作者只有了解个人和家庭贫困问题发生的脉络,才能就具体问题提供具有针对性的应对策略。社会工作参与"扶志扶智"的反贫困实践主要是通过了解和发现贫困人口致贫的生理、心理、社会因素,激发他们的内生动力,来提高他们对未来生活的信心和希望。正因为引发贫困人口生理和心理问题的原因是不尽相同的,社会工作者在帮助贫困人口解决问题的过程中,始终秉持个性化的原则,充分挖掘和调动每一个贫困人口自身的潜能和积极性,与其一起找出致贫的内外原因,加深他们对自身处境的认识和理解,引导其重塑正确信念和增强自身解决问题的能力。

二、中观层面:消除贫困文化,建构社会资本

"扶志扶智"的反贫困实践不仅要增强贫困人口的脱贫信心和能力,而且要提高整个社区层面的文化水平,消除贫困文化,营造积极向上的社区氛围,充分发挥社区的资源优势,使贫困人口在良好的文化氛围中增强互动能力、提高文化水平、构建丰厚的社会资本。

人类学家刘易斯(Lewis)曾提出,穷人被整个社会限制在一定的地域范围之内,从而形成一种与主流文化脱节的贫困亚文化,它是贫困人口形成的一种独特的文化观念和生活方式,对贫困起维持的作用。贫困人口无论是在生活方式、生活态度还是心理定式上都会倾向于固守贫困的状态,从而难以走出贫困文化。这种文化氛围形成之后,容易造成贫困代际传递的后果。在这种文化背景下,贫困人口即使获得发展的机会,也难以迅速摆脱贫困文化的影响而

适应新的社会环境。从这个意义上来说，贫困实际上也是贫困人口被社会排斥的一个过程。[①] “输血式”扶贫的工作模式主张给贫困对象建立一个“安稳的物质银行”和一个“畅快的心理舒适区”，这从侧面增强了贫困文化的影响力，加剧了“等、靠、要”等惰性思想，严重影响了贫困人口脱贫的积极性。

贫困不仅仅表现在个人或家庭层面的物质和精神匮乏上，更表现在整个社区的贫困文化上。要想解决社区整体性贫困，仅在个人或家庭层面开展工作是不够的。因为个人或家庭生活在特定的社区中，社区的环境、习俗、价值观等都时时刻刻影响着个人或家庭的行为和习惯。因此，“扶志扶智”的反贫困实践注重社区层面的文化发展，强调通过建构丰厚的社区资本来消除“贫困文化”。社会工作者重视贫困人口在社区建设和社区治理中的力量和作用，主动组织并邀请贫困人口参与社区建设与社区文化活动，通过询问贫困人口的意见，邀请贫困人口出谋划策，通过让贫困人口承担一定的工作和责任等方式让贫困人口体验、感知自己拥有的力量，进而激发贫困人口社区治理和自我管理、自我发展的内在驱动力。

三、宏观层面：构建良好的反贫困政策环境

反贫困政策设计和制定的立足点是维护贫困人口的利益。社会工作是一种投身实践、以解决实际问题为目标，以及具有政策倡导属性的职业。在参与反贫困实践的过程，社会工作不仅致力于解决贫困人口的贫困问题，而且对现行反贫困政策的不足也具有良好的弥补作用。一方面，社会工作者

---

① 罗艳萍：《试论社会工作在我国城市反贫困领域面对的任务》，载《法制与社会》2006年第18期。

与贫困人口建立相互信任的合作伙伴关系；另一方面，社会工作者还从宏观层面去了解社会环境对贫困人口的影响，其中就包括了反贫困政策对贫困人口的影响。目前，我国还在进一步探索精神贫困产生的原因，“扶志扶智”的反贫困政策依然非常有限，“扶志扶智”的扶贫效果也未能较好地呈现。因此，社会工作要致力于推动“扶志扶智”中良好政策环境的构建，精准施策，真正激发贫困人口的自主发展意识，推动贫困人口主动采取脱贫行为。这既是社会工作的专业职责所在，也是社会工作的专长技能所在。因为社会工作者在介入反贫困实践的过程中，都是投身到贫困地区与贫困人口开展合作，他们一方面能将现行的反贫困政策落到实处，另一方面能够及时地发现与了解贫困人口精神贫困的深层次根源，继而在具体服务的过程中不断地收集资料，进行整理与分析，将工作中的实务经验和建议反馈给政策制定者，促进反贫困政策制定的科学性和有效性，使政策与贫困人口的需求相契合，促进反贫困事业的可持续发展。①

第四节　社会工作参与“扶志扶智”的反贫困实践的服务内容

社会工作自其孕育产生时就把贫困问题的解决作为专业使命。在我国的反贫困进程中，社会工作扮演着十分重要的角色，是推动反贫困事业发展的一支积极的社会力量。社会工作参与“扶志扶智”的反贫困实践，其服务内容集中于增强贫困人口的自我脱贫信念、增强贫困人口的自我效能感、提

① 程胜利：《论专业社会工作在城市反贫困中的作用》，载《社会工作》2004 年第 2 期。

升贫困人口的人力资本及构建贫困人口的社会资本等方面。

一、转变认知：增强贫困人口的自我脱贫信念

所谓信念，是指人们在一定认识的基础上确立的对某种思想或事物坚信不疑，并身体力行的心理态度和精神状态。人们所拥有的所有观念都是来自自我情感的凝聚。在人们使用观念的过程中，观念会受到自我严格的考验和测试，一部分观念在这个过程中被自我剔除了，还有一部分观念被自我保留下来。这部分被保留下的观念经过自我的多重考验与测试，最终升级为各种不同的信念。一旦人们相信它，它就由一个普通的观念升级为信念。信念一旦形成便会持续影响人们思维活动的方向和范围，并以某种方式或模式去规范人们的思考方式。信念不仅会唤醒人们的意志行为，还会唤醒人们的潜意识行为。可以说，信念发动并引导人们从事现实中的各种工作。

在我国反贫困事业推进的过程中，部分贫困人口缺乏自主性脱贫行为，其行为背后的原因可追溯至贫困人口持有的非理性信念。一是部分贫困人口对扶贫政策的错误理解。党和国家在反贫困事业的发展上制定和实施了一系列的优惠政策，解决了一大批贫困人口的物质问题。但是，部分享受了党和国家优惠政策的贫困人口错误地认为仅靠党和国家的政策帮助就能脱贫致富，于是就出现了一批具有“等、靠、要”等惰性思想的贫困人口。二是部分贫困人口因心理问题而引发的不合理信念。在反贫困事业中，贫困人口不仅仅是受益对象、被扶持对象，更为重要的是，贫困人口还是脱贫主体。有些贫困人口在脱贫的过程中通过自己的努力逐渐脱贫致富，但也有部分贫困人口由于受自身和社会因素的限制而无法脱贫，如因自身能力较弱而

产生的不自信心理、遭遇挫折后的自暴自弃、贫困标签下寻求改变勇气的丧失等，这些都给贫困人口带来了巨大的心理压力，进而产生严重的心理问题，导致他们对生活、未来失去了信心和希望。这种非理性信念也严重影响我国反贫困事业的进程。

因此，社会工作运用个案辅导、小组工作、社区工作等方法对贫困人口的非理性信念进行介入，以帮助贫困人口树立正确的理想信念，鼓励和激发他们战胜贫困的信心，充分发挥他们的能力和优势，进而增强贫困人口的自尊自信，坚定其脱贫信念。具体而言，一方面，社会工作者扮演政策传达者的角色，为党和国家与贫困人口之间建立起信息传递的桥梁，将扶贫政策及时、准确地传达给贫困人口，并将党和国家的关怀传递给贫困人口，让贫困人口感受到党和国家对他们的关心和重视。另一方面，在面对有心理困扰的贫困人口时，社会工作者运用叙事治疗的工作手法，首先通过问题外化的方式，让贫困人口认识到贫困并不是"我"的问题，贫困是问题，但"我"是"我"，贫困是"我"需要解决的困难，由此帮助贫困人口从内部生成一种力量去对抗问题；其次通过由"薄"到"厚"的过程重写贫困人口的生命故事，社会工作者与贫困人口一起认识问题、解决问题，让贫困人口从消极的自我认同中寻找积极的自我认同，逐渐从自卑和焦虑中走出来，形成积极有力的自我观念，增强他们面对生活的勇气和信心，重新唤醒他们对生活、对未来的热情。

二、增强信心：提高贫困人口的自我效能感

自我效能感是个体在执行某一行为活动之前对自己能够在什么水平上

完成该行为活动所具有的信念、判断或自我把握与感受①，是个体对自己作为动因的能力信念。它对个体的行为起调控作用。

在反贫困实践的推进过程中，部分贫困人口由于受传统思想、价值观及其他条件等多种因素的综合影响，他们能力的发挥受到限制，因此无法有效运用自身所具备的能力，或者他们感知不到自身所拥有的能力。久而久之，贫困人口就逐渐失去了成功完成某件事情的信心，这在一定程度上导致了贫困人口的自我负面评价，进一步限制了贫困人口自身能力的发挥，从而陷入“等、靠、要”的陷阱。因此，挖掘贫困人口的潜能，让他们重新对自己的行为做出正确的评价，增强他们的自我效能感至关重要。

因此，社会工作者在“扶志扶智”的反贫困实践中，重视贫困人口的个人效能，聚焦贫困人口的优势和能力，这些优势和能力是他们脱贫的重要因素。社会工作者采用参与活动的方式，让贫困人口积累成功经验，建立个人效能的健康信念；通过他人示范样本经验的方式来影响贫困人口的自我效能感；通过挖掘贫困人口的潜能，让贫困人口看到并确认自己的优势和能力，最终产生改变。例如，社会工作者可以通过实训、模拟等形式让贫困人口切身感受完成某一项工作获得的成就感，从而重新对自己的能力进行评价，加强对自己能力的肯定，增加自己对生活的信心，增强自我效能感。

三、发展能力：提升贫困人口的人力资本

人力资本主要强调的是人身上的资本，指凝聚在人身上的技能和知识，

① Bandural, “self-efficacy, Toward a unifying theory of behavioral change”, *Psychological Review*, 1977, Vol. 84, No. 2, p. 191 - 215.

其本质上是一种创造价值的能力,包含知识、技能、能力、经验及情感意志等要素。从反贫困社会工作"扶志扶智"的角度来说,贫困人口的人力资本建设需要社会工作者运用专业的知识和技巧对他们进行文化知识和工作技能的提升,并使他们把学到的知识和技能转化为自身优势,使他们应对困难的能力和脱贫致富的勇气和信心得到增强。在贫困地区,受教育、文化传播等的限制,贫困人口的文化水平普遍不高,这直接导致了他们在脱贫过程中无法应对各种困难而陷入贫困的深渊。由此,社会工作者需要通过有效的途径去提升贫困人口的人力资本,进而提升贫困人口自我发展的能力。

作为一支具有专业优势的重要社会力量,社会工作在反贫困中扮演着能力建设者的重要角色。"扶志扶智"的反贫困社会工作的切入点之一就是人力资本建设。社会工作者关注贫困人口的人力资本,包括文化知识、身体素质、道德水平及情感意志等方面的综合发展。社会工作者运用专业的知识和技巧对贫困人口进行技能培训和知识传授等,旨在提升贫困人口能力,进而提升他们的人力资本。社会工作不但解决贫困人口的实际困难,还在帮助贫困人口的过程中不断增强他们的能力以应对各种挑战。也就是说,社会工作者充分发掘贫困人口的潜在优势,链接社会资源,并通过专业的知识和技巧的传授对他们进行能力训练。

四、重构环境:构建贫困人口的社会资本

社会资本是在一定的社会范围内存在的,人们基于信任、情感、共同体意识而形成的相互信赖和支持的社会关系,是指人们在社会结构中所处的位置给他们带来的资源。但从目前来看,我国贫困地区的社会资本水平不

高，社会支持网络的作用较弱，贫困地区的社会组织较为缺乏，社会组织结构相对松散，人与人之间的关系较淡漠等，这都意味着贫困地区的社会资本建设能力较为薄弱，人们很难从他们在社会结构中所处的位置给他们带来资源，社会的资源整合能力低下，无法使社会资本的能力得到有效发挥。

社会资本作为一种社会支持网络，在反贫困方面发挥重要作用。贫困人口的社会资本是由其家庭、家族、亲戚、朋友及社区共同体等构成的社会支持网络，它不仅可以为贫困人口提供生活帮助、经济援助、情感慰藉等多方面的支持，在支持网络之下，贫困人口之间还可以相互学习、相互约束和相互支持。但是，随着社会的快速转型，原本相对稳定的社会关系网络体系被打破，人与人之间的信任和情感受到了沉重的打击和伤害，贫困人口无法获取有用和有效的社会资源，这严重削弱了贫困人口应对困难的综合能力。因此，贫困地区、贫困人口的社会资本建设十分必要。

社会工作作为一种以能力建设为本的专业力量，在建构社会资本方面发挥着重要功能。① 一方面，社会工作通过举办公益活动和教育培训，不仅加强了贫困地区人们的能力建设，而且使他们的社会关系网络得以重新建立；另一方面，社会工作注重对社会组织进行培训，对贫困地区的社区公益慈善组织进行孵化，提升社区公益组织的组织能力，充分发挥社区公益组织在扶贫事业上的力量。总的来说，社会工作的介入，就是要建构一个社区公益组织的效能得到充分发挥、贫困人口的能力得到充分体现，以及贫困地区的社会资源得到有效整合的社会资本。②

---

① 姚霞：《反贫困与社会工作的介入》，载《社会工作(下半月・理论)》2009 年第 7 期。

② 向荣、陆德泉、陈韦帆：《发展型社会工作对深化精准扶贫的助力策略分析》，载《贵州民族大学学报(哲学社会科学版)》2018 年第 3 期。

第五节　社会工作者在“扶志扶智”的反贫困实践中的角色

社会工作者是具有一定专业知识，遵循社会工作的价值准则，运用专业的社会工作方法与技巧从事职业性社会服务的人员。在从事具体服务的过程中，社会工作者与服务对象一起合作解决问题。但是，在不同的工作情景下，社会工作者运用不同的方法和技巧去帮助服务对象正确地面对困难及克服困难，最终走出困境。如此，社会工作者在服务过程中会通过不同的角色来提供服务。在“扶志扶智”的反贫困实践中，社会工作者的角色主要有服务的提供者、使能者、倡导者、赋权者和教育者。

一、服务的提供者

提供服务是社会工作者的首要职责。在社会工作参与“扶志扶智”的反贫困实践中，服务提供者是社会工作者的首要角色，他们提供的服务聚焦于心理辅导、意见咨询和关系支持，但也不忽略物质帮助和劳务服务。物质帮助和劳务服务是心理辅导和关系支持的重要媒介。心理重建和关系重建需借助物质或劳务媒介来实现。比如，提升贫困人口自信心就需通过实践活动媒介来实施，以帮助贫困人口找到自信心和自我效能感。

受到贫困文化和固有生活习惯的影响，处于贫困环境中的贫困人口，对脱贫有惧怕心理，不敢采取脱贫行动。与此同时，扶贫工作为贫困人口送去了帮扶，这就使得一部分懒惰、不思进取的贫困人口对帮扶产生依赖心理。

有部分贫困户因为受到政府的救济，就开始不思进取、好逸恶劳，他们认为只要得到政府的救济就可以“高枕无忧”，逐渐失去了战胜生活中各种困难的斗志和信念。社会工作者所提供的服务就是要改变部分贫困人口这种不劳而获的心理，引导他们树立积极向上、积极进取的理想信念。社会工作者作为服务提供者，始终坚持接纳、同理、非评判、个别化等实践原则，深入贫困人口的内心，感同身受地去了解他们的心理困惑和精神困扰，进而有针对性地从心理和精神层面淡化贫困人口的贫困意识和自卑心理，帮助贫困人口树立起摆脱贫困的信心，增强他们面对困难的意志，最重要的是让他们感受到平等与尊重，以及来自周围人的支持和善意。

此外，社会工作始终坚守“授人以鱼，不如授之以渔”的服务理念，不仅注重贫困人口主体地位的确立，而且特别注重贫困人口自身潜能和优势的发挥，通过链接社会资源，引进专业的服务力量，传授贫困人口一些战胜困难的方法和技巧，来增强其自我发展能力和自身造血能力，拔除“穷根”，保证贫困人口脱贫的可持续性。作为服务的提供者，社会工作者在反贫困实践中重点关注三类人群：一是贫困家庭的子女。社会工作通过教育扶贫帮助贫困家庭化解子女成长过程中的教育问题，遏制贫困的代际传递。社会工作者首先对贫困家庭的子女教育问题进行调查了解，其中包括社会环境、家庭环境及自身条件等，然后根据贫困家庭实际状况制订相应的教育工作计划，如一对一的课程辅导、系列的团体课程学习等。另外，社会工作者还特别关注贫困家庭子女的心理问题，防止他们因贫困而影响或中断学习。二是有劳动潜能的贫困人口。这部分贫困人口并不是没有能力，但由于长期受到贫困的影响，其能力运用受到限制。因此，社会工作者充分了解每一位贫困对象的特殊情况，从贫困人口自身出发去观察和挖掘他们的能力，采用模拟和培训活动来进一步增强贫困对象的能力，以促使贫困人口能灵活地运用其自身的能力。三是缺乏一技之长的贫困人口，如部分因劳动技能缺失而无法获得就业或劳动机会的贫困人口。针对这部分贫困人口，社会工作者首先鼓励他们不要自暴自弃，相信通过自己的努力肯定会掌握一技之长，拥有谋生的能力。另外，社会工作者还通过组建技能培训班和职业教育班对他们进行系统、专业的培训，提升贫困人口的就业、创业能力。

二、使能者

使能者也可以称为增强能力者或促进者，是使服务对象有能力面对问题和解决问题的助力者。使能者的角色在于激发服务对象具有的潜能并使服务对象能掌控环境，从而改变自己的生活。在这个意义上来看，使能者的任务就是要帮助服务对象发现他们所拥有的能力和资源，以增强他们的社会功能，使服务对象即使身处困境，也能用自己的力量或资源去应对困境。

社会工作“使能者”的角色主要围绕贫困人口的改变而展开，重点是提升其人力资本。由于缺乏基本的职业和技术的教育及训练，贫困人口所从事的工作多集中于重体力和低技术领域。社会工作者试图采用一些改变个人市场价值的介入策略，如短期补习课程、就业辅导或职业训练，来帮助贫困人口重新适应劳动力市场的要求，重建工作信心。其一，就业辅导与职业训练前的赋权。一些贫困人口不愿意依靠自己的劳动和能力摆脱贫困，主要是适应了当前的生活，不愿意做出改变，即习惯于“无权”。使能者的角色重点观察和了解贫困人口行为背后的心理动因，有针对性地给予他们辅导和增权，使他们从“无权”中走出来，相信自己有能力掌握自己的命运和未来。其二，就业辅导和职业训练。社会工作者借助具体的实践活动使贫困人口能够实施改变行为。就业辅导和职业训练分为短期策略和长期策略。短期策略的重点是不过分强调教育学习和较高层次的职业训练，而是帮助贫困人口找到适合的工作以维持生计，让其在自己的岗位上不断积累工作经验，增强专业技能，进而增加脱贫的信心。特别是面对一些年纪较大、肢体部分残疾的贫困人口，社会工作者充分发挥资源链接者的作用，帮助他们寻找一些技术含量较低的工作岗位，如社区保洁等岗位，实现他们的就业。长期策略主要针对的是有就业意愿但缺乏基本的职业技能的失业人群。针对这部分人，社会工作者对他们进行辅导的重点是提高他们的基本就业认识和就业技能，激发他们在工作中不断学习和积累经验，为从事更为理想的职业做准备。其三，就业辅导与职业训练服务的宣传。部分贫困地区由于受交通及网络信息等的限制，严重缺乏市场信息，与就业市场脱节。因此，一方面，社会工作者借助线上线下相结合的方式宣传就业信息，使贫困人口及时了解就业市场；另一方面，社会工作者帮助贫困人口建立就业辅导和职业训练的信息网络平台，通过学习训练提升贫困人口的就业技能，以适应就业市场的需求。

三、倡导者

倡导者是指社会工作者直接向服务对象提倡某种行为。在服务对象必须采取新的行为才能有助于其走出困境，但服务对象对新的行为又不了解时，作为倡导者，社会工作者向服务对象倡导某种合理的行为并对他们采取的行为加以有效指导。在社会工作参与“扶志扶智”的反贫困实践中,倡导者的角色主要是围绕贫困地区社会环境的改变展开的,重点强调的是为贫困人口“志智”提升提供良好的机会和平台。下面我们以倡导贫困人口的就业行为为例来进行说明。

在贫困地区,许多贫困人口因为缺乏就业途径和就业机会而处于失业状态,社会工作者通过多种方式发掘就业机会,倡导贫困人口就业,以使贫困人口在工作岗位上实现自身的价值,从而增强他们的脱贫信念。一是倡导政府积极创造和提供更多新的就业机会和公益性岗位。社会工作者倡导政府大力发展第三产业,鼓励教育、福利、娱乐等服务性行业的发展,为贫困人口提供更多的就业机会;倡导政府为贫困人口提供公益性工作岗位,如门岗服务、卫生清洁等。二是倡导企业、社会组织等主体为贫困人口提供就业岗位和开展就业培训。社会工作者在帮助贫困人口挖掘就业机会的同时,一方面倡导企业、社会组织等社会主体为贫困人口提供就业岗位,满足他们的就业需求。另一方面倡导企业、社会组织等社会主体为贫困人口开展专业的就业技能培训,提高贫困人口的就业技能,与就业市场的需求相匹配。

此外,社会工作者对现行的相关就业政策进行倡导。贫穷不仅与劳动、工作相关,还与给付的薪酬高低相关。如果市场提供的职位薪酬较低,并且存在就业歧视的话,那么社会工作者提供的就业辅导与职业训练也不能有效消除贫穷,最终会使他们沦为隐藏的“工作中的穷人”。因此,社会工作者还努力倡导促进劳动力市场规范的相关政策的制定和实施,提升劳动力市场的工作品质。一是倡导政府完善最低工资立法。贫困人口由于缺乏较高的职业技能,大多数从事的是体力和低技能的劳动,工资待遇偏低,亟待最低工资法的保护。因此，社会工作者在服务的过程中收集一手资料，进行整理、分析，将工作中的实务经验和建议反馈给政策制定者，从而进一步修改与完善最低工资立法的相关政策，提高政策的科学程度，使政策与实际需求相匹配，进一步维护贫困人口的合法权益。二是倡导消除劳动力市场上的就业歧视。贫困人口一开始就被贴上了负面的标签，如果在就业中再遭受歧视的话，对他们的打击无疑是雪上加霜。主流社会对贫困人口的“有色眼镜”不仅使贫困人口的就业机会减少，浪费其人力资本，阻碍其工作动机，抹杀其教育与训练的成就感，而且是对贫困人口尊严的一种侮辱。因此，社会工作者倡导消除劳动力市场上的就业歧视，尊重每一位劳动者的人权，并且相信每一位劳动者都是有能力的，他们通过自身的努力都是可以走向成功的。

四、赋权者

社会工作“赋权者”的角色是指通过改变服务对象的现状，增强其经济、社会和政治的力量与影响。具体来说，作为赋权者的社会工作者，主要任务就是理解服务对象生活的环境，呼吁开展有关活动改善服务对象的生活环境等。赋权者还主张在不同的群体之间公平地分配资源和权力。作为赋权者，社会工作者将无权者看作服务对象，将获得权力视为社会工作介入的目标。社会工作中的权力是指人们所拥有的能力，这不仅表现为一种客观存在，而且表现为人们的一种主观感受，即权力感。

贫困人口之所以陷入贫困状态，在很大程度上是因为失能。在赋权理论的指导下，社会工作服务强调将焦点集中在贫困人口的潜能和优势上，而不是关注贫困人口的问题所在。在贫困地区，大多数贫困人口因为受社会舆论压力和社会文化的影响，存在严重的自卑心理，缺乏自我认同，所以在思想上消极懈怠、精神上颓靡不振，陷入贫困状态而无法自拔。作为赋权者的社会工作者，其提供的服务就是增强贫困人口对自身权力和能力的认识，消除无权感。具体来说，在专业的服务过程中，社会工作依据“个别化”原则，有针对性地探查贫困人口行为背后的动因，以更好地提供解决问题的方案。尤其是对有就业能力的待就业青年，通过心理疏导等方式帮助其认识自身存在但尚未被挖掘的潜能，增强其自信心和自我认同感，消除其自卑心理和无权感。一方面，社会工作者为贫困人口开展心理咨询服务，鼓励他们表达和发泄自己的内心情绪、释放压力，并给予他们适当的帮助、教育、引导和启发，纠正他们不正确的思想观念，树立正确的理想信念；另一方面，社会工作者充当“中间人”的角色，引进外部力量与贫困人口进行互动，激发外部资源的带动力，协助贫困人口减少无权感。

第六章 社会工作参与"扶志扶智"的反贫困实践的工作方法

在脱贫攻坚的决胜阶段，随着各级政府扶贫开发力度的不断加大，各项政策的扶持力度也越来越大，因而产生了部分贫困人口不愿"脱贫"、依赖扶贫政策的现象。这种现象的出现凸显了扶贫与"扶志扶智"相结合的重要性。社会工作参与"扶志扶智"的反贫困实践能够发挥社会工作专业优势，展示社会工作的独特功能和作用。从工作方法的维度来说，社会工作参与"扶志扶智"的反贫困实践主要在社会工作的三大直接工作方法中得以体现：个案工作主要是通过个案调研、个案辅导、个案评估等方式，完善精准扶贫的识别体系，增强贫困人口的"志"气与"智"慧；小组工作介入则是运用小组的治疗性因素，提升贫困人口的自我发展能力、社会参与度与抗逆力水平；社区工作介入则是运用地区发展模式和社会策划模式，围绕贫困人口脱贫搭建社区支持网络、改善基础设施条件、促进扶贫队伍建设、重塑社区文化等。

第一节 个案工作方法在“扶志扶智”的反贫困实践中的运用

个案社会工作方法在“扶志扶智”的反贫困实践中的服务目标主要集中于两个方面：精准评估服务对象和培育贫困人口的“志气”与“智慧”。从精准评估服务对象需求的目标取向上来看，个案工作主要是通过多元的信息收集与资料分析方法，比如家访、询问、咨询、观察及查阅相关资料等方法，系统地了解贫困人口的贫困特征、贫困深度、致贫原因、社会系统及改变需求，以辨识贫困人口的贫困类型，明晰贫困人口的问题与需求。此过程将个案的工作方法和工作模式融入系统评估中，包括且不仅包括倾听、同理、鼓励、对焦、治疗性沟通等技巧的使用。从培育贫困人口“志气”与“智慧”的目标取向上来看，社会工作者通过个案工作的工作方法和工作模式对贫困人口提供资源链接、心理辅导、支持网络构建、增能培力等服务，提升贫困人口的“志气”和“智慧”，激发贫困人口的内生动力。在服务进程中，社会工作关注贫困人口的参与能力与参与意愿、优势与资源、阻碍与不足。

一、完善精准扶贫的识别体系

对象瞄准是精准扶贫的前提。反贫困政策的落地在对象瞄准方面面临着双重挑战。一方面，对贫困人口的瞄准机制存在失灵的现象，如家庭收入核定难、制度规范操作难、对象动态调整难等，导致了扶贫对象瞄准的效率较低，有限的扶贫资金没有得到高效的配置，无法实现扶贫资金的效用最大化。另一方面，扶贫对象瞄准在实践中产生了被人们诟病的“扶贫乱象”，部分贫困人口无法公平、公正地获得扶贫救助，使得理应保障改善民生和促进社会稳定的反贫困政策起到了反向的作用。将精准化、细致化融入扶贫工作的始终，是精准扶贫的本质属性，也是社会工作参与“扶志扶智”的反贫困实践的应有之义。只有这样做，才能够确保把真正需要帮助的贫困人口鉴别出来，做到“精准识别，精准帮扶”，帮助真正应该得到帮助的贫困人口，实现扶贫资金相对公平地分配，激发贫困人口脱贫的内生动力。

社会工作者对贫困人口的信息收集，包括贫困程度、致贫原因、发展需求等方面的信息，是后期扶贫帮扶计划设计和实施的坚实基础。按照国家现行的农村扶贫标准，贫困户的评定标准为年人均可支配收入低于 2 300 元。虽然政策文本中数字是这么标定的，但在现实贫困对象的识别过程中有许多制约因素给精准识别带来困难。比如，农户对自身的收入及支出情况没有详细地记录，没有办法准确且具体地量化农户的消费及收入。这项工作数量庞大、难度系数高，导致入户考察的工作人员无法客观评估贫困户的贫困状态。然而，对社会工作者来说，他们本着个别化的价值原则，将社会工作的服务理念融入反贫困工作中，尤其是精准识别方面，对贫困户有具体的定性和定量综合测评，从不同维度对贫困户迥然不同的贫困状况做出精确评估。在贫困人口评估方面，社会工作者从贫困人口的具体情况出发综合考察分析，包括贫困人口的家庭背景、生存环境、所处社区环境，以及贫困人口自身的能力、意志品质和思想感受等。社会工作者依据贫困人口的真实状态，以设计好的测评量表对其进行评估，使得单一维度评估的偏差降低，进而提高识别贫困人口的工作效率，促进扶贫资源的公平分配。社会工作在发展中钻研出了一套独到的评估技巧和方法，能够助力对贫困人口的精准识别。

二、增长贫困人口的志气与智慧

从“志”“智”不足的原因维度来划分，贫困人口主要有四个类型：一是宿命论型贫困人口。一些贫困人口存在宿命论的观点，他们认为自己天生就是贫穷的，自己既没有技能又没有文化，依靠自己的力量脱贫太难了，贫穷是无法改变的事实。所以他们安于现状，不思改变。二是政策依赖型贫困人口。这类贫困人口把国家的扶贫政策和政策实践理解为脱贫的唯一路径，认为国家有义务为其脱贫承担责任。三是理性型贫困人口。这类贫困人口“志”“智”不足是理性计算后的结果。贫困户资格意味各类资源的获得，不仅包括国家的补助，还包括贫困户资格所带来的一系列隐形福利。正是在这种心理的影响下，部分贫困人口不愿意“脱贫”，抗拒“脱贫”。四是焦虑型贫困人口。还有一类贫困人口对脱贫没有信心，不敢尝试，具有畏难心理，进而产生恶性循环。传统的小农经济带来的不确定性使得有些贫困户的收入已经达到了脱贫标准，但是其仍旧不愿意“脱贫”。因为这些贫困户预设其未来的生产、生活中可能充满着不确定性，而这些不确定性可能会使他们再次陷入贫困，所以他们需要依靠扶贫政策来获得心理上的安全感。

社会工作者需要对不同类型的贫困人口有针对性地提供差异性服务。社会工作者以贫困人口为服务对象，采用“任务中心模式”“认知行为治疗模式”“社会—心理模式”等实务工作模式，将贫困人口的心理状态、心理过程同他们生活的社会环境联系起来，运用综合的诊断方式确定服务对象的问题及问题产生的原因，让贫困人口正确认识自己所遭遇的困难和问题；采用多维度的介入方式，帮助贫困人口转变观念，更新认知，改善心理状况，树立脱贫信心，增强主观能动性。贫困人口认知及心理状况的改善也是脱贫能力增强的表现，这为贫困人口的脱贫提供了先决条件。

第一，提供心理上的支持，缓解贫困人口的焦虑与不安。长期生活在贫困中的人，或是突然遭遇重大疾病或意外事故等突发事件的人，其情绪、心境都处于极度焦虑与不安的状况中，表现为情绪上的困扰和灰色心境。社会工作者首先需要做的就是缓解贫困人口的焦虑与不安，这是介入的重要前提条件。社会工作者通过心理辅导的方式，舒缓处在困境中的贫困人口的情绪。比如，社会工作者通过接纳和同感给予贫困人口肯定和认同；倾听贫困人口对自己困境的叙述并表示理解；让贫困人口讲述自己贫困发生的原因和过程，为其提供宣泄的机会；等等。这些支持性和影响性技巧的使用，在缓和贫困人口情绪的同时，还能协助社会工作者与贫困人口建立良好的专业关系。

第二，开展认知行为介入，协助贫困人口重新认识自己。社会工作认为，贫困人口的“无能”“无权”部分来源于贫困人口自我认知的偏差。有些贫困人口持有这样的观点——“自己是没本事的人”“自己的命就是这样的”“自己做什么都无法改变现实”“自己不可能产生改变”等。这是偏差的自我认知所呈现的结果，会影响贫困人口的情绪、态度和行为，而情绪、态度和行为又会反过来影响他们的认知。比如，老王认为自己是个没能力、没本事的人，即使参与了社区推动的扶贫发展项目，也肯定一事无成，会遭到别人的笑话。这样的认知伴随着紧张、焦虑的情绪反应，使得老王在扶贫发展项目参与中更多采取有限投入的行为方式。这样的行为方式会强化老王自己对自己的否定性评价，以及不安的情绪，各种情绪的叠加会进一步加深老王认为自己没有本事的执念。在这种情况下，社会工作者从贫困人口的认知进行介入，通过对错误认知、非理性情绪的辨识、理性选择方式的列举，帮助贫困人口改变错误认知和非理性情绪，学会用理性的行为方式面对和解决自己的困境。

第三，开启自我探索，开发服务对象的潜在能力。当贫困人口有个人能力建设的需要但其缺乏自信，觉得自己什么也干不了，是整个家庭的负担时，社会工作者可以通过对话式的提问来调动贫困人口的探索能力，帮助贫困人口识别自己的优势，看到自己所拥有的资源，增加贫困人口的权力感和自信心。比如，贫困户王某的脱贫动力不足，社会工作者带他到邻村一位二级残障人士（苏某，44 岁）创办的养殖场参观。王某看到养殖场场主只能依靠膝盖挪动，但身残志坚，凭借自己的努力年收入 70 000 多元，还带动周边 5 户贫困户脱贫的情景后，他的思想受到强烈冲击，现场就表示回去要好好干。在王某脱贫致富的斗志被唤醒的基础上，社会工作者帮他联系了一份仓库保管员的工作，每月收入为 1 000 多元，2017 年王某就实现了脱贫。

第四，增能培力，提升贫困人口综合能力。社会工作者实施贫困人口能力建设计划。贫困人口能力的综合提升不仅包括贫困人口及其家庭困境解决能力的提升，还包括贫困人口及家庭运用环境资源能力的提升，还包括贫困人口及家庭与环境互动能力的提升。所以社会工作者在增能培力中，一是在问题解决能力的提升方面，社会工作者与贫困人口一起聚焦，探讨问题背后的原因，确认实现改变的方向。比如针对焦虑型贫困人口，社会工作者与贫困人口需要共同探索其优势和资源，探讨发展某种职业技能的可能性，一起沟通探讨贫困人口的技能基础、兴趣方向和环境资源，帮助贫困人口分析和匹配技能发展方向，以及此后的就业方向。在此基础上，社会工作者代表贫困人口向有关部门和培训机构争取参加就业培训的机会，帮助贫困人口掌握培训中所教授的技能，使他们在参加培训之后能够顺利实现就业。贫困人口掌握相关职业技能，既能增强贫困人口的自信心，又可以增加他们的收入。二是在运用资源能力的提升方面，社会工作者协助贫困人口发展环境中的资源，并促成其尝试与资源互动，建立联结。三是在与环境互动能力的提升方面，社会工作者协助贫困人口从个体和环境两个维度来辨识环境的特征及其对个体的影响，并促使其尝试改善对环境的适应水平，习得与环境相互促进的技巧与方法，形成良性循环。

第五，促进人际交往，减轻服务对象系统功能的失调。社会工作者运用个案工作方法构建贫困人口的社会支持系统也十分重要。贫困人口的社会交往范围较为狭窄，基本囿于亲戚、朋友、邻里的人际圈中，社交自信心较差、社交能力较弱，对外开展社交活动的主动意识也不高。这就需要社会工作者提升其社会交往能力，扩大贫困人口的社会交往范围。比如，社会工作者采用强化训练、角色扮演、树立榜样示范等方式，帮助贫困人口学习社会交往技巧，以减轻他们系统功能的失调。

此外，贫困人口家庭系统功能的正常发挥也是非常重要的。在贫困家庭中，很多父母并未受过很好的教育，对子女的教育重视程度也往往不够高，导致贫困家庭的子女从小缺乏良好的家庭教育的氛围，加上家庭成员之间长期缺乏沟通，家庭成员的关系较为紧张，造成贫困家庭内部的不稳定，由此，更容易引发家庭矛盾。在这种情况下，贫困家庭子女的教育和学业发展会受一定的负面影响，进而导致贫困的代际传递。社会工作在参与“扶志扶智”的反贫困实践中，很重要的一项工作就是阻断贫困的代际传递。因此，在个案工作中，社会工作者通过协助贫困人口完善家庭支持系统，让贫困家庭的父母与孩子进行充分沟通，引导父母反思子女教育问题，让父母多关心孩子，培养孩子在生活中的信心。家庭支持系统的建设逐步改善了亲子关系，更好地培育贫困家庭子女，增长他们的志气与智慧，阻断贫困的代际传递。

个案社会工作基于“助人自助”的理念，帮助贫困人口提升自我脱贫的能力素质，实现由依托行政强制的外在因素的发展转变为依托社区及贫困人口自身的内在因素的发展；通过开展相关活动，帮助贫困人口缓解心理压力、解决现实困境，从根本上提升贫困人口的自主脱贫能力。

个案工作服务的案例：

一、接案

服务对象基本信息介绍：

小强，男，18 岁，初中文化程度，初中毕业后一直在家，未再继续求学，也未就业。小强年幼时患脊髓灰质炎，导致身体有轻微残疾，一条腿肌肉萎缩，肢体变形，虽能独立行走，但走路的速度较常人要慢许多，不能长时间、远距离地行走，而且不能从事重体力劳动。在上学期间，小强由于腿部残疾遭受了同学的嘲笑、歧视，一些同学甚至因此而不愿意跟他一起玩耍，这给小强的心理带来了很大的创伤，导致小强非常自卑。

小强的家里一共有四口人，父母年龄不大，40 岁出头，初中文化程度。

父母均为农民，父亲在家务农，母亲因患慢性病常年在家休养。小强还有一个哥哥在山东的一所大学读大二。父母因为小强身体的残缺，对小强不是很重视，平常不太关心小强，而且因为小强读书时成绩不好，初中读完后就没有让他继续上学了。小强和哥哥的关系还不错，偶尔会和哥哥聊一聊自己的想法。由于身体状况不佳以及家人关怀和照顾的缺失，小强形成了较为负面的自我认知，认为“自己是一个没用的人”“自己是家庭的负担”“自己是一个令人讨厌的人”等，久而久之小强不愿与人接触、互动与交流，也不愿走入社会去改变自己的生活状况。

正因如此，小强初中毕业后一直赋闲在家，不愿意出去工作，也不愿意面对新的环境。虽然家里经济比较困难，母亲吃药、哥哥读书都需要花费不少钱，但是小强觉得自己什么也不会，也做不了什么，而且随着扶贫政策越来越好，小强逐渐产生了等着政府帮扶的心理，觉得日子过不下去会有国家兜底的。

二、预估

社会工作者通过与小强一家的接触，对小强及其父母进行访谈、观察之后，整合相关资料，分析得出小强的需求主要有经济方面的需求、心理疏导方面的需求、个人能力建设方面的需求和社会支持系统建设方面的需求。

（一）经济方面的需求

小强一家有经济压力主要是因为家庭劳动力较少。小强家有劳动能力且能获取经济收入的仅小强的父亲一人。但小强父亲从事的农业生产活动能产生的效益非常有限，家庭收入较为艰难地维持着家庭成员的基本生存和家庭生产的基本运转，无法更好地改善家庭条件。与此同时，家庭的开支是比较高的，除了基本的生活生产支出外，哥哥在外读书的费用、母亲看病吃药的费用，都让这个家庭难以为继。小强虽然有劳动能力，但因为身体残障及其所带来的影响也没有找到合适的工作。所以，小强一家有经济条件改善方面的需求。

（二）心理疏导方面的需求

在与小强的沟通中，社会工作者发现小强对自身存在严重的认知偏差，需要在心理方面给予其支持并进行疏导。一方面，小强过分夸大了自己的身体缺陷，从而产生了自卑心理，几乎不愿意与其他人交流，这也是其不愿意出门工作的重要原因；另一方面，小强上学期间曾遭受同学的嘲笑与排挤，以及父母对他的不重视，导致他内心十分压抑，产生了很多负面情绪，但没有及时得到释放。

（三）能力建设方面的需求

小强赋闲在家的原因主要在两个方面：一是受教育程度低，各项知识技能缺乏。小强初中毕业后未再接受其他任何类型的教育，也没有掌握任何技术，他觉得自己什么都不会，这直接对他的就业产生了影响。二是自卑感强烈，对外出工作没有信心。小强由于身体缺陷产生的自卑导致其不愿意出门，看不到自己的优势和能力，觉得自己什么也做不好。但小强作为家庭里有劳动能力的人，需要承担起家庭的责任，也需要参与社会生活。社会工作者认为，要想推动小强走出家门参与社会生活，自立自强，就需要对小强开展能力建设。

（四）社会支持系统建设方面的需求

随着对小强一家情况的了解，社会工作者发现小强存在心理问题的原因一部分来源于小强家庭成员之间长期缺乏沟通与关爱。小强父母从小对小强不太重视，给予他的关怀较少。这种状况的形成与小强父母的养育观和生存环境有关。小强的父母忙着劳作维持家庭的正常运转，没有过多的精力放在子女的教育或亲子关系上。同时，小强的父母文化程度不高，对家庭教育的认识停留在让孩子吃饱穿暖的观念上，忽略了孩子心理和情感上的需要。在长期缺乏关爱环境中长大的小强需要不同关系网络的支持。首先是家庭层面需要增进亲子之间的沟通，改善家庭成员间的关系，建构起家庭支持网络；其次是需要动员小强的其他社会支持网络，特别是朋辈群体的支持。

三、个案工作服务计划

（一）服务目标

1. 目的

协助服务对象克服自卑感，恢复其社会功能，推动其积极参与社会活动。

2. 目标

第一，培养服务对象职业技能；

第二，建构服务对象社会支持网络；

第三，协助服务对象树立理性信念。

3. 阶段目标

第一，初步建立专业关系。社会工作者要取得服务对象及其家人的信任，向服务对象介绍最新的扶贫政策，与服务对象及其家属进行沟通交流，充分了解服务对象的真实想法与观点。

第二，评估分析服务对象的问题及需求。社会工作者要和服务对象一起思考面临的问题，了解服务对象不愿意去工作的真实原因和心理动态，并一起回顾分析服务对象的生命历程，寻找问题背后的原因。

第三，协助服务对象树立理性信念。社会工作者运用优势视角与理性情绪治疗方法实施介入。首先，充分挖掘服务对象的潜能。社会工作者帮助服务对象发掘潜能优势，与服务对象一起讨论确立未来的发展方向，鼓励服务对象学习掌握一项职业技能。其次，改变服务对象的非理性信念。社会工作者运用理性情绪治疗法，和服务对象一起去发现和质疑存在的非理性信念，看到非理性信念对人的影响，并一起讨论如何消除脱贫过程中的非理性信念。

第四，改善亲子关系。社会工作者与服务对象讨论对家庭的理解，分享家庭沟通的重要性，以及如何更好地增强沟通交流的能力，消除服务对象与父母的沟通障碍。

第五，学习职业技能。社会工作者鼓励服务对象参加政府安排的职业技能培训班，以掌握一项谋生技能。在服务对象参加职业技能培训班的过程中，社会工作者帮助其重建社会支持网络。

（二）服务计划

针对服务对象的现实情况，制订贫困人口内生动力激发的介入计划，主要从心理辅导、能力建设、构建社会支持系统三个方面入手。

1. 心理辅导计划

第一次的心理辅导活动以重塑自我认知为目的，通过榜样示范、理性情绪治疗等方式展开。首先，社会工作者要向服务对象说明本次服务的目的、活动及具体安排；其次，社会工作者通过分享中外名人励志故事，让服务对象发现生活中的更多可能性,点燃其改变的欲望;再次,社会工作者与服务对象一起讨论服务对象的自我概念,让服务对象发现自己潜意识中的非理性信念并对其进行质疑,对服务对象错误的自我认知予以纠正,并布置作业和任务;最后,社会工作者与服务对象一起回顾总结服务过程,并约定下一次服务的时间、地点以及任务。

第二次心理辅导的目的是引导服务对象就业,通过实地参观学习与自省反思的方式展开。社会工作者陪同服务对象到扶贫车间和由残疾人创办的合作社实地参观,让服务对象亲眼见到与他一样身患残疾的人的工作情况,引导服务对象与其交谈,建立联系。社会工作者为服务对象提供榜样,让榜样的力量引发服务对象自身的思考与探索,为服务对象提供刺激性的动力因子,改变服务对象固有的认知,树立"身残志坚"的观念。此外,为服务对象提供朋辈的支持系统,让具有相同特征的人为他提供心理支持、技巧分享。

第三次心理辅导的目的是协助服务对象摆脱自卑,树立信心,为能力建设做铺垫。首先,社会工作者与服务对象一起回顾前两次服务的内容,对服务对象的转变给予肯定和赞扬,强化已取得的服务成效。其次,社会工作者与服务对象一起探索和发现服务对象自身的兴趣、爱好、特长和优势,探寻未来职业发展的方向,并进一步确定大致的职业领域,在此基础上,分析从事该职业所需要的基本能力,为进一步有针对性地提升此项能力奠定基础。再次,社会工作者带领服务对象走访职业培训学校。一方面,让服务对象建立实现改变的信心,如在残疾人职业培训学校里,让服务对象看到有许多人和他一样,他并不孤单,他面临的问题是很多人都会遇到的问题,这并不令人羞耻,让服务对象迸发出改变的愿望。另一方面,让服务对象了解努力的方向。最后,社会工作者布置任务和作业。服务对象需要回家与父母分享这些天接受服务的感受,并明确未来想要做的改变。

2. 能力建设计划

社会工作者对服务对象实施能力建设计划的核心目的在于帮助服务对象成功就业。能力建设是在赋权理论的指导下进行的。从服务对象个人层面来说,聚焦挖掘服务对象的优势,并以其优势、资源和兴趣为基础,倡导服务对象学习从事特定职业的相关技能,为其成功就业奠定基础;从人际层面来说,聚焦协助服务对象与同类群体、家庭、社会组织等建立良好的关系,为其持续就业提供保障;从政治层面来说,社会工作者鼓励服务对象争取参与就业培训的机会、争取劳动就业的机会,为服务对象完成培训后顺利就业打下基础。服务对象掌握了职业技能之后既能增强自己的自信心,又可以为家庭增加收入。

3. 构建社会支持系统计划

社会工作者协助服务对象建立起社会支持网络,为其持续就业提供保障。其一,家庭支持网络。服务对象的家庭支持网络主要包括两类关系:亲子关系和兄弟关系。从亲子关系来说,社会工作者要与服务对象的父母进行沟通,引导他们反思家庭教育中的不足,并告知他们服务对象对未来发展所做出的选择和努力,希望他们能够给予服务对象足够的关心和支持;从兄弟关系来说,兄弟之间原本关系就较为亲密,希望服务对象的哥哥能够给予服务对象更多的支持和鼓励。其二,同类群体支持网络。残障人士培训学校的学生、工作场所中的残障人士及创业成功的残障人士都是服务对象进入劳动领域的重要支持性力量。其三,朋辈群体支持网络。社会工作者要协助服务对象与同辈群体建立联系，鼓励服务对象与朋友、同学联系，从而构建起朋辈群体支持网络。其四，社会组织及相关部门支持网络。社会组织及相关部门要为服务对象提供适合的工作机会，并维护服务对象的权益。

四、介入过程(见表6-1)

表6-1

阶段	服务目标	服务内容
第一阶段	建立良好的专业关系； 收集服务对象及其家庭方面的资料	(1) 收集服务对象相关的信息与资料。与服务对象初步接触，收集服务对象的基本资料，了解服务对象及其生活的环境 (2) 系统介绍社会工作及扶贫政策。为了获得服务对象的信任和接纳，社会工作者要从服务对象的兴趣和家庭着手，耐心解释社会工作的服务内容，并为服务对象讲解扶贫政策，使其接受并配合社会工作者的工作 (3) 建立专业关系。充分运用同理心、尊重和接纳等技巧，与服务对象建立信任关系
第二阶段	对服务对象做出系统评估，并为介入工作做准备	(1) 系统评估服务对象。与服务对象进行深层次的沟通，通过介入过程中服务对象的语言、表情等细节判定服务对象的态度，并对服务对象是否愿意配合服务工作做出判断 (2) 系统评估服务对象生活的环境。接触服务对象的父母及哥哥、邻里、朋友，了解其与他们相处的情况 (3) 根据相关资料做出评估，形成服务方案，为介入工作做准备
第三阶段	在优势视角理论的指导下，个案工作介入服务对象脱贫能力建设与提升，充分发掘服务对象的能力与优势，为其链接资源，从而摆脱经济上的贫困	(1) 树立理性信念。帮助服务对象树立正确的脱贫价值观，排除非理性信念，让其能够参与脱贫工作，不要只等着政府的帮助 (2) 链接资源。为服务对象介绍扶持政策，为其链接资源，解决其眼前的家庭经济困难，满足其家庭最基本的需求 (3) 激发发展的内驱力。增加服务对象对社会工作的信任感，分析服务对象的优势，结合服务对象的优势与其进行沟通，激发服务对象的工作欲望，引导服务对象主动的脱贫意识 (4) 技能培训。结合现状对服务对象进行技能培训，鼓励其从简单的工作做起，逐步恢复其工作的信心与应对能力 (5) 重建服务对象的社会支持网络。通过技能培训班重建服务对象的社会支持网络

续 表

阶段	服务目标	服务内容
第四阶段	给予服务对象支持和鼓励，协助其树立自信心	(1) 提升问题解决能力。社会工作者针对服务对象在能力提升过程中遇到的问题，提出解决的方法并让服务对象在实际学习中加以改进 (2) 提供支持和鼓励，协助其树立信心。社会工作者要及时给予服务对象支持与鼓励，让服务对象认识自己的优点，确认其在服务中获得的成长与进步，帮助其重新树立自信心
第五阶段	疏导服务对象在能力提升过程中产生的不良情绪，和服务对象共同制订就业方案	(1) 疏导情绪。服务对象在技能培训的过程中可能会遇到各种困难，社会工作者应及时疏导其不良情绪，缓解其消极情绪 (2) 明确未来发展方向。社会工作者和服务对象一起讨论培训完成后的就业问题，根据服务对象的情况，制订两种就业方案，由服务对象自己决定如何选择
第六阶段	促进服务对象树立正确的自我认知，增强其自信心；做好结案准备，处理好服务对象的离别情绪	处理结案情绪。社会工作者和服务对象共同回顾辅导的整个过程，对服务对象现在的状况给予赞赏，鼓励其一直坚持下去并做得更好。关注服务对象及其家庭成员的心理变化，对服务对象进行必要的关注和开导

五、社会工作个案评估

（一）对个案工作过程的评估

在本个案工作的服务过程中，社会工作者始终坚持社会工作基本的工作理念，以尊重服务对象为前提，主动了解服务对象的需求，以同理心关怀服务对象及其家庭成员，积极引导服务对象及其家庭成员主动表达他们的心理困境与诉求，深刻分析造成其贫困的真正原因，积极探索有效的社会工作介入方式，不断鼓励、支持服务对象通过实际行动来做出改变，帮助服务对象链接相关资源，充分利用社会工作方法和技巧达到帮助服务对象转变思想信念，提升其自我脱贫的能力，最终实现可持续脱贫的社会目标。

社会工作者协助服务对象缓和亲子关系是一个持续的过程。整个过程中，社会工作者时刻注意服务对象一家的态度和心理变化，肯定他们的进步。在个案介入实施的初期阶段，服务对象被消极的思想和信念所缠绕，对自己的能力没有准确的认知，自卑心理较严重。随着个案工作的展开，社会工作者为服务对象介绍了当地的扶贫政策，帮助其理解扶贫政策，树立正确的脱贫和发展理念；帮助服务对象缓和了与父母之间的对立紧张关系；劝说服务对象参加职业技能培训班，学习手工技术，让服务对象到扶贫车间参与脱贫工作，一定程度上缓解了其家庭经济压力；帮助服务对象结识新朋友，重建其社会支持网络。学习新技能、找到新工作、结识新朋友让服务对象的生活状态慢慢好转，渐渐看到了脱贫的希望。

（二）对个案工作效果的评估

本个案服务的工作成效主要是通过服务对象的满意度来进行评估的。服务对象对本次个案介入工作的成效满意度较高。在个案工作介入的过程中，社会工作者根据服务对象的实际情况，协助服务对象学习职业技术，并帮助服务对象联系了当地的扶贫车间，找到了合适的工作岗位。服务对象能胜任工作，也对新工作比较满意，渐渐转变了原先“等、靠、要”的惰性思想。在此过程中，服务对象挖掘了自身的优势与潜能，提升了自身的自信心和权能感，逐步融入家庭和社会。服务对象在扶贫车间工作后，逐步形成了自己的社交网络，与同事、朋友建立起了良好的关系。服务对象父亲的经济压力因服务对象就业而减轻了不少，家庭关系也开始趋于平和，服务对象与哥哥的交流日益增多，家庭状态朝着良好的趋势发展。总的来说，此次社会工作介入服务对象及其家庭，帮助他们解决了家庭经济困难，转变了服务对象的脱贫观念,帮助服务对象重新树立了自信心,重构了服务对象的社会关系网络。

六、结案

通过个案工作的介入,社会工作的服务目标基本达成,服务对象基本实现了经济、心理、能力、社会支持四方面的改善。具体如下:

(一) 经济方面

服务对象通过参加职业技能培训班,学习了手工技术,并成功到扶贫车间就业,靠自己的劳动获得了经济收入,在一定程度上缓解了其家庭的经济状况。

(二) 心理方面

社会工作者多次为服务对象提供心理辅导,服务对象逐渐敞开心扉,愿意与家人及朋友进行交流,并参与实践活动,其心理问题不断改善、自信心不断增强。

(三) 能力提升方面

通过能力建设计划的实施,服务对象的职业技能、社会交往能力均得到进一步提升。服务对象依托自身的职业技能参与到社会生活中,不再被动等待政府的帮扶。

(四) 社会支持方面

经过多次沟通与交流,服务对象与父母亲的关系趋于正常、与哥哥的沟通也日益频繁,一家人的关系越来越紧密。与此同时,服务对象通过在职业技能培训班的学习,认识了新的朋友,在扶贫车间工作时认识了新的同事。通过与新朋友、新同事的相处,服务对象的社会支持网络得以重构。

结案时，一方面，社会工作者和服务对象一起回顾了整个介入工作的历程，交流了彼此的想法，极大地肯定了服务对象在整个社会工作实务过程中的积极改变，从转变脱贫观念到学习技能，再到主动参与脱贫工作，服务对象展现出了良好的精神状态，并通过自身的不断努力以及政府的帮扶，最终实现脱贫。另一方面，社会工作者给予服务对象足够的精神支持与鼓励，帮助服务对象学习新的技能、缓和与家庭成员的关系、积极融入社会生活。在离别之际，服务对象对社会工作者这段时间的辛苦付出表示感谢，并表示自己将持续转变脱贫理念，保持积极的精神面貌，不断提升自我脱贫能力，发挥自己的优势，为家庭贡献自己的一份力量。

第二节　小组工作方法在"扶志扶智"的反贫困实践中的运用

小组工作方法在"扶志扶智"的反贫困实践中主要采用成长小组、互助小组、支持小组等小组形式，围绕精准帮扶、志气提升、智慧发展等小组主题，以提升贫困人口的能力和促进贫困人口的社会参与为目的而展开。不同小组类型的小组活动能够在能力提升方面为贫困人口提供多样化的策略，使得贫困人口的能力得到锻炼和提升。一般来说，"扶志扶智"的反贫困小组通常由6—8次的小组活动构成。反贫困小组是由具有共同性和相似性问题的成员所构成的，他们共同的特点是在生产和生活中发展动力和发展能力不足。这些共同性问题能增强小组成员对小组的认同感，提高组员之间的相互影响程度。社会工作者借助小组的社会目标模式、互动模式、治疗模式等实务工作模式，运用小组的治疗性因素，包括希望植入、建议、自我表露、学习等，促进贫困人口的成长和改变。每次小组活动时长为90分钟左右，活动开展的形式包括小组成员经验和感受的分享、劳动实践、培训学习、观察模拟、示范扮演等。小组工作方法对提高贫困人口的主观能动性、激发贫困人口的潜力、为贫困人口提供社会网络支持等方面有着一定的效果。在“扶志扶智”的反贫困小组实践中，小组工作主要致力于小组成员的自我发展能力、社会参与度和抗逆力能力的提升。

一、提升贫困人口的自我发展能力

从某种程度上来说，小组如同一个真实的社会，它反映了外部的真实世界。在小组的互动过程中，小组成员任何新的改变都会被组员所接受、肯定和分享，从而激发他们对外在现实社会的信心，进而促使他们融入社区或社会。对于贫困人口而言，小组中的成长主要聚焦于其发展能力的提升。一是社会工作者通过为小组成员提供专门的技能训练课程，增加贫困人口就业、创业、参与劳动生产的机会。社会工作者根据小组成员的共同特征和需求，分析小组成员的环境资源，有针对性地为他们提供技能训练课程，如农业种植养殖技术、建筑工程技术、纺织技术等。在如下的小组工作案例中，小组组织成员进行了农业种植技术培训，提升了贫困人口的农作物种植能力，增加了农作物的产量，实现了贫困户的增收。在培训的过程中，部分小组成员表示自己很渴望学习知识，提升自己的文化水平，如有人表示不是自己不想学习，而是没有学习的环境和条件。因此，在小组活动过程中，部分贫困人口抓住来之不易的学习机会，开启了二次学习的进程，不懂就问，小组学习气氛浓厚。二是社会工作者为小组成员输入信息和资源，增进小组成员对外部社会的了解，增强小组成员对外部环境的掌控能力。比如，社会工作者为小组成员普及相关的扶贫政策，让小组成员在接受帮扶的过程中，对政策、方针有更加细致的理解，提高小组成员的政策知晓度和政策理解的准确度。三是社会工作者采用角色扮演、行为预演、游戏、情景剧等方式，提升小组成员适应外部环境的能力，恢复他们的社会功能。

二、提高贫困人口的社会参与水平

在“扶志扶智”的反贫困小组工作实践中，提高贫困人口的社会参与水平贯穿小组活动的始终。小组社会工作者注重小组成员的参与性，注意每个小组成员的现实价值和潜在价值和发挥，主张让小组成员通过参与实现个人的改变和成长。所以，“扶志扶智”的反贫困小组设计的小组活动是以激发贫困人口的参与性与主动性为前提的。如下面的小组工作案例所示，整体的小组活动进程是一个循序渐进的过程，部分小组成员从刚开始的陌生、拘束甚至有些傲慢，到后来可以主动成为带领者，带领其他小组成员做游戏，积极参与活动，这都体现了他们社会参与度的提高。尤其是在角色扮演环节，小组成员充分发挥自己的想象，将自己假设为政策制定者，为小组的发展制定了一些具体的、切实可行的政策。同时，在每次小组活动结束后，社会工作者都会给小组成员留作业，小组成员也都尽自己最大的能力去完成作业。有时，小组成员还会主动对下次活动开展的内容提出一些建议，如想开展什么样的活动，具体设置哪些环节，或者明确表示自己参加活动要达成的目标，这些都是小组成员参与度提高的一种体现。例如，在最后一次小组活动时，社会工作者设置了一个由一名小组成员带领其他小组成员做热身游戏的环节。这个环节是在第三次小组活动结束时提出的，这个想法被提出后，小组成员们经过独自思索与相互交流后，推荐了一名小组成员带领大家做游戏。在游戏过程中，小组成员们注意力集中，并且听从带领者的指挥，整个游戏过程井然有序，气氛非常融洽。这也从侧面印证了小组成员参与度的提高。

三、提升贫困人口的抗逆力水平

小组社会工作参与“扶志扶智”的反贫困实践，是通过社会工作者与小组成员之间的相互支持、沟通互动，激发小组成员的潜能，改善小组成员的问题行为以及负面情绪，实现小组成员的自我成长和发展。小组工作主要通过构建小组成员的社会支持网络、情绪宣泄、感受表达来实现小组成员抗逆力水平的提升。小组成员在刚加入“扶志扶智”小组时，其抗逆力处于一个较低的水平。社会工作者通过以下三种方式帮助其提升抗逆力水平。一是丰富小组成员社会支持网络的成员类型，发挥社会支持网络的功能。贫困人口社会支持网络的成员类型包括亲戚、朋友、邻里、社区、各类组织、政府等。社会工作者通过链接资源、开发资源、促进互动等形式，协助小组成员拓展资源网络。二是形成良好的沟通氛围，为组员真实表达提供条件，促使组员们的负面情绪得到宣泄。在小组成员沟通过程中，良好的沟通氛围能为小组成员之间的情感释放与表达提供放松的环境，能够帮助小组成员积极表述自己在日常生活中遇到的困难和挫折。三是学习抗逆力的技巧和方法，以更好地面对困境及做出适当反应。小组成员通过参加不同形式的学习活动，掌握提升抗逆力水平的技巧和方法。这些技巧和方法让贫困人口在面对生活中的困境和问题时，能够做出建设性、理智性的选择和处理。在此过程中，社会工作者成为小组成员的重要支持者，增强了小组成员的脱贫信心，让小组成员勇于面对困难。此外，小组工作还采用分享会、座谈会等形式，通过实例帮助小组成员来学习他人的经验和方法，最终增强自身的抗逆力水平。小组工作方法通过小组成员抗逆力水平的提升，协助贫困人口形成个人资源和资产，引导贫困人口具有即使身处困境也有处理不利环境中的困难和问题的勇气和信念。

小组工作案例:

一、小组工作开展的背景

J市W县Z乡地处丘陵地带，距离县城约51千米，下辖8个行政村，共有1 981户，6 360人。Z乡的A村是一个典型的自然村，地理位置较为偏远，村民居住得较为分散，与外界相对隔离，村民之间的联系较为薄弱。通过对A村村民的走访调查，社会工作者发现A村的贫困人口多存在脱贫能力不足的问题，具体表现在专业技能学习能力不足、资源获取能力薄弱及心理调适能力较差等方面。所以，社会工作者拟通过建立贫困人口互助小组，借助小组动力实现提升贫困人口脱贫能力的目的。

二、案例分析预估

(一) 小组成员需求评估

1. 专业技能培训的需求

A村中大部分有劳动能力的人口均寻找途径外出务工，留守在村的住户要么是老年人和妇女儿童，要么是昏昏度日、无目标追求的“懒汉”。这些留守在村里的人群有一些共同的特点：受教育程度较低、缺乏一技之长、没有就业竞争力、参与农业生产活动产出较低等。所以，专业技能培训是A村村民最为紧迫的需求。

2. 心理疏导的需求

处在与外界社会相对隔离、内部居民之间缺乏交流沟通环境下的A村贫困人口，外部经验的获取与信息流通的不畅，导致他们自我功能发挥受阻，未能形成清晰的自我意识，生活目标感不强。这就需要社会工作者协助贫困人口厘清自我概念，对自我有清晰的认知。

3. 链接资源的需求

地理位置较为偏远的A村，不管是物资资源还是信息资源都较为匮乏，要想推动A村贫困人口、贫困社区的发展，就必须引入各类资源，以拓展贫困人口的思路，激活贫困社区。

（二）小组环境分析

1. 小组外部环境

小组工作是基于A村特定的现实背景而开展的。从自然资源禀赋来说，A村地理位置较为偏远，与外界相对隔离，这是A村贫困的重要原因，但A村的自然资源丰富、生态保护较好、风景秀丽；从生产生活方式来说，A村以农业生产为主；从社会关系来说，A村的社会关系单纯、质朴；从受帮扶程度来说，A村的发展受到政府的高度重视，村内有驻村帮扶队帮助贫困人口开展脱贫工作，同时有多个社会帮扶力量也在为A村的发展持续贡献力量。

2. 小组内部环境

小组成员是经过一定的甄选才进入小组的。首先，在小组的宣传与招募阶段，社会工作者邀请村干部、驻村帮扶队的工作人员及帮扶责任人协助开展小组的宣传与招募工作，向贫困户介绍社会工作，说明小组活动的目的、方式。在此基础上，社会工作者入户进行宣传和招募，进一步解释社会工作与小组活动的内容及服务方式。由此，有意愿加入小组并最终加入的成员，他们有潜在的发展动机和发展需求，并对社会工作有了一定程度的了解，在小组活动开展中能够积极配合。其次，组员具有共同的特征，小组内部的互动和分享可以帮助组员积极地直面问题，不回避且不逃避，勇敢探索解决问题的方案。最后，小组成员之间的相互鼓励、相互促进、相互提高，能充分发挥集体智慧来解决实际面临的问题。

三、小组工作计划

（一）小组理念

1. 社会支持理论

人是社会性的动物，需要与他人建立关系，通过社会互动互相支持、帮助和确认自身的价值。在社会支持网络中，人们可以感受来自他人的关心和支持。这些支持有些是有形的，有些是无形的。但不管是哪种类型的支持，它对于个体的发展来说都是影响巨大的。本小组的服务对象都是本地村民，因此所能运用的资源相对较多。社会工作者通过一系列小组活动帮助服务对象在较短的时间内熟悉彼此，服务对象之间经过长时间相处建立起了信任关系，有利于在小组中形成牢靠的社会支持网络，服务对象从中获得情感支持，从而走出心理困境，重拾生活信心。

2. 参与式行动法

参与式行动法既是一种理念，也是一种方法，它强调社会工作者与服务对象共同行动，解决问题，达成目标。它注重服务过程中服务对象的主体性，认为服务对象是积极的行动者，而不是被动的服务接收者。本次小组工作全程运用参与式行动法，是一个参与—行动—改变循环往复的过程。在小组中，社会工作者与服务对象共同参与，并协商决策，有利于服务对象意识到自己的主人翁地位，由内而外产生改变的意识，激发服务对象对自身的思考，并不断地进行自我反思与完善，从而使服务对象产生正向改变。

（二）小组目标

1. 长远目标

建立贫困人口脱贫的自信，提升贫困人口问题解决的能力，促进贫困人口的社会参与，推动贫困人口自主脱贫的行动。

2. 具体目标

(1) 形成正确且清晰的自我意识。社会工作者要为小组成员提供良好的小组环境，协助小组成员发现自我功能发挥的不足之处，通过组员互动协助小组成员形成正确的自我概念，舒缓或消除组员的负面情绪，引导组员树立积极的生活目标，认清自己所面临的问题，发展个人的潜在能力。

(2) 树立脱贫信心。社会工作者通过开展小组产业发展实践活动，协助小组成员形成正确的脱贫意识，并看到自己改变的潜力和可能性，使他们重新树立脱贫信心。

(3) 建立社会支持网络。在小组活动中，小组成员经由角色扮演、榜样示范等活动的开展，以及促进彼此之间的交流与互助，学习人际交往技巧，提升人际交往能力，进而重建社会支持网络，从内部或外部环境中获取更多的发展资源。

（三）小组工作理念

第一，互助小组为小组成员提供了一个学习、分享、感受、体验和成长的平台。互助小组是小组成员情感释放和分享的场所。贫困人口的自卑、焦虑等心理和情绪问题十分突出，而心理问题长期堆积，容易使贫困人口对生活失去信心。积累的负能量需要一个宣泄的出口，互助小组就扮演了帮助贫困人口舒缓心理压力的角色。互助小组同样也是发展和成长小组，贫困人口在小组中通过互动与参与，学习自我发展的技能和社会适应的能力。

第二，互助小组利用集体的力量去解决问题。小组经验可以帮助小组成员较好地面对问题，能够让贫困人口在小组活动中相互鼓励、相互促进、相互提高，充分利用集体的智慧来解决实际问题。

第三，互助小组具有治愈的功能。因为存在自卑、焦虑等心理，部分贫困人口的社会支持网络逐渐“瘫痪”，因此，他们需要更多的社会支持来帮助他们提升信心。小组作为社会关系的缩影，可以有效帮助小组成员构建良好的社会支持网络，恢复其社会功能。

（四）小组对象

A 村村民的脱贫信心不足，存在严重的自卑、焦虑等心理症状，发展动力不足。村民的年龄分布为 18—55 岁。

（五）小组活动安排

（1）性质：支持小组、互助小组。

（2）活动次数：6 组次。

(3) 类型：封闭型。

(4) 日期：2018 年 6 月 17 日—2018 年 7 月 31 日。

(5) 时间：每周三 15:00—18:00。

(6) 地点：J 市 w 县 Z 乡 A 村村委会。

(7) 人数：8 人。

四、服务计划实施的过程

小组社会工作者根据小组成员的需求，将整个服务过程划分为 6 次小组活动，针对小组成员存在的发展能力不足、资源获取能力欠缺、心理调适能力薄弱等问题，设计了相关活动内容，以期实现小组成员脱贫能力提升的目的。(见表 6－2)

表 6－2

阶　段	过　程	主　　题
小组初期	第一次	破冰之旅——制订小组目标
	第二次	心声桥梁——舒缓心理压力
小组中期	第三次	共同参与——链接外部资源
	第四次	我也可以——技能学习
小组后期	第五次	认识自己——重构自我认知
	第六次	展望明天——结案与评估

1. 破冰之旅

第一次活动的主题是“破冰之旅”。由于小组成员均为 A 村村民，原本他们就相互认识，并有初步的了解。所以，第一次活动的重点工作内容不是组员之间的介绍和相互了解，而是共同讨论小组目标、小组规范。“破冰之旅”游戏的开展活跃了小组气氛，帮助小组成员更好地理解小组，打消了小组成员的顾虑，让小组成员能全情投入小组，为小组后续活动的开展奠定了基础。同时，小组规范是经过小组成员充分讨论形成的，得到小组成员的一致认同，对此后小组成员的行为也具有一定的约束力，为小组工作成效的获得提供了制度上的保障。

2. 心声桥梁

第二次活动的主题是“心声桥梁”。由于小组成员大多脱贫信心不足，存在严重自卑、焦虑等心理特征，因此增强小组成员的心理调适能力，转变小组成员的消极情绪就显得十分重要。在第二次活动中，社会工作者主要通过游戏与谈话活动来推动小组成员之间的互动与交流，舒缓小组成员内心的压力，帮助小组成员掌握心理调适的方法，进一步加深小组成员之间的信任与了解。第二次活动更重要的是营造一个舒适的小组环境，帮助组员明确小组活动的意义与目的，进一步引导小组成员分享内心真实的想法，在此基础上，社会工作者与小组成员一起探讨舒缓压力的办法。

3. 共同参与

第三次活动的主题是“共同参与”。贫困人口脱贫信心与脱贫动力不足的部分原因在于他们缺乏与外界资源与信息的交流互动，这使得他们在社会参与方面缺少经验的积累。经验与资源的缺乏增加了贫困人口脱贫的难度。所以，在第三次小组活动中，社会工作者通过邀请小组成员的帮扶责任人参与小组活动，增进小组成员与帮扶责任人之间的沟通与联系，帮助小组成员获得帮扶责任人更多的支持与帮助，从而重新链接外部网络，获取外部资源。

4. 我也可以

第四次活动的主题是“我也可以”。小组成员受文化水平的限制，缺乏足够的脱贫能力和脱贫技能，所以第四次活动从小组成员的职业技能学习、能力提升着手，邀请了W县农技站工作人员对小组成员进行职业技能培训宣讲，并根据不同小组成员的生产意愿及学习能力，向其推荐相应的职业技能培训班，提升他们的技能学习能力，并与农技站工作人员建立专项帮扶机制。

5. 认识自己

第五次活动的主题是“认识自己”。通过前几次活动，小组成员之间建立了初步的信任关系，形成了较为稳定的小组结构。在社会工作者的引导和帮助下，小组成员基本掌握了情绪疏导的方法和技巧，心理压力得到了一定的释放。与此同时，通过与帮扶责任人及农技站工作人员的联系，小组成员逐步树立起脱贫信心，掌握了相关职业技能。正因如此，在本节活动中，社会工作者通过小组成员的自我评价和互相评价，引导小组成员发现自我认知中存在的问题并加以纠正，帮助他们正确认识自己，相信自己能够通过自身的努力摆脱贫困、迈向小康。

6. 展望明天

第六次活动的主题是“展望明天”。本节活动是小组活动的最后一个阶段，经过前五次的活动，小组目标已基本实现。在第六次活动中，社会工作者邀请小组成员对小组活动进行评价，与小组成员们一起分享、回顾小组工作过程中小组成员所取得的进步与成就。社会工作者通过整理活动相册、制作祝福小卡片等形式处理好小组成员的离别情绪，帮助小组成员保持已经获得的小组经验。最后，社会工作者再与小组成员一起回顾整个小组工作的过程，就小组工作结束后小组成员担心的问题进行了探讨。对整个小组工作过程来说，小组活动使小组成员们找到了脱贫信心，提高了自身的职业技能，同时小组成员也成为彼此的支持，社会支持网络不断延伸。

五、总结与评估

本小组工作的评估采用社会工作者自我评估、社会工作者的观察、问卷及跟进访谈的方式进行，分为结果评估和过程评估两个方面。

（一）结果评估

在小组工作目标方面，大部分服务对象通过6次小组活动走进了技能培训的课堂，学习相关的职业技术或生产技术，慢慢转变了原有的依靠帮扶脱贫的观念。通过小组活动的展开，小组成员的自信心得到了显著增强，他们勇于提出自己的观点与看法。他们在组内形成了互助关系，小组成员之间通过电话、微信等保持联络，能够在生活和情感上给彼此提供支援，社会支持网络初步建立，总体上小组目标已经达成。

在小组成员目标方面，在第一次小组活动时，小组成员就确定了自己的目标与期望。在小组活动结束阶段，社会工作者与小组成员对自己的改变进行了反思，如小组成员透露出希望通过小组活动提升自己的动手能力、交到更多的朋友、锻炼自己的大脑、学习一技之长等期望，这些期望在小组活动中都逐步实现了。

（二）过程评估

在小组成员的互动方面，虽然小组成员都是同一个村的人，在活动之前基本上是相互认识的，但由于小组成员从未参加过类似小组，所以在前两次活动中，小组成员之间的交流较少。但随着每次活动的开展，社会工作者通过暖场游戏、访谈等充分关注小组成员的动态，到小组活动后期，小组成员与社会工作者之间基本形成了亲密的关系，不仅小组成员之间能够和谐交流，而且小组成员能和社会工作者主动分享自己内心真实的想法。

在小组成员的参与方面，所有小组成员都按照约定参加了6次小组活动，始终没有一人要求退出小组。除前两次活动小组成员略显拘谨以外，随着小组活动的开展，小组成员之间建立了较为紧密的伙伴关系，小组成员的参与积极性明显提高。

第三节　社区工作方法在“扶志扶智”的反贫困实践中的运用

社区工作方法在“扶志扶智”的反贫困实践中的运用，主要体现为地区发展模式和社会策划模式两种实务工作模式。一方面，地区发展模式将社区居民自治作为“扶志扶智”的反贫困实践的重点，关注居民自助和互助，通过社区活动的开展，提高贫困人口脱贫的主动性，激发贫困人口参与脱贫的积极性。因而，地区发展模式的工作重心是发挥贫困人口的主体性，着重对贫困人口的参与意识、公共意识及社区归属感的培养。另一方面，社会策划模式通过专家力量，遵循个别化的原则，自上而下地为贫困社区制订可行性的“扶志扶智”方案，特别强调社区发展过程中的居民参与，以带动贫困人口积极参与社区的发展，切实改变社区的贫困面貌。

一、地区发展模式

地区发展模式以人和社区的发展为目标。地区发展模式以社区共同需求为立足点，促进居民之间的交流与沟通，倡导居民自己解决问题，启发社区居民的智慧，并勇于承担社区发展的责任。地区发展模式更重视社区中人的发展，强调社区居民能力的提升及社区归属感和认同感的培养。因为，人是社区发展最重要的资源和保障。聚焦人的发展，提倡以人为本，实现助人自助，也是社会工作的本质特性。地区发展模式以推动社区居民的自助、互助为中心，关注人的发展及倡导民主参与，这对贫困人口的“扶志扶智”有着重要的促进作用。地区发展模式强调社区内部的交流与合作，鼓励贫困人口积极参与社区事务，推动贫困人口通过自助或互助的方式解决社区的贫困问题，从而提升贫困人口解决问题的能力，以及发展个人和社区的责任意识。

（一）促进学习与互动，实现社区的可持续发展

一方面，开展社区教育，让社区居民关注社区发展及社区问题。对社区的整体性发展，社区居民，特别是贫困人口，仅仅停留于概念层面的认识，并不了解其深层次的意涵。社区工作者为社区居民解释社区的发展理念、社区的功能，让社区居民对社区及其发展有清晰的认知，树立社区居民的共同体意识；组织社区居民参观、考察已脱贫的社区，让他们感知所参观社区实际的变化和发展，发现社区发展的特点和规律，学习所参观社区脱贫的方法和举措；组织社区居民共商社区发展问题，激活社区居民思维，推动社区居民探索自我解决问题的路径。这些方法和策略均能促进社区居民思考社区发展和社区问题，推动其采用自助与互助的方式实施行动以改善社区。如此，社区居民才有可能关注社区中共性的问题，最终成为采取行动改变社区的主体力量。

另一方面，促进社区居民之间的交流，培养社区共同体意识。部分社区存在着社区居民对社区事务不关心、居民之间关系淡薄、居民缺乏解决问题的能力及对社区发展目标不认同的现象。因此，社会工作者采用地区发展模式，通过贫困社区的共性问题——贫困，调动社区居民的参与积极性，实现培养社区居民自主、自立、发展互助的目标。社区工作者通过组织一系列的公共活动，如节庆活动、休闲文化活动、志愿活动等，促进社区居民之间的交流，发动居民特别是贫困人口参与部分社区发展的任务，以提高社区居民的参与程度、增强社区居民的归属感及发展社区的共同体意识。特别强调贫困人口的社区参与，社区参与能加强贫困人口与非贫困人口之间的联系，增强社区的整体活力。

(二)提供服务和发展所需的资源，倡导相关政策的实施

社区资源是社区发展赖以存在和发展的基础。社区工作者根据社区发展的需要，利用社会工作的专业知识和技巧开展多种形式的社区活动，比如，社区工作者调动社区的种养殖大户带动社区产业发展和社区居民就业，形成贫困人口自助和互助小组；挖掘社区中的能人、贤人培养社区骨干，通过自助或互助的方式，挖掘、利用社区内外部的资源，以解决社区的共性问题。其中，政策资源对社区发展有着重要的意义。社会工作者是政策的传递者：一是把晦涩难懂的政策、方针解读给社区居民听，让居民特别是贫困人口了解政策的走向。二是实施政策行动，即社区工作者将社区发展所需的资源分类整合，将资源与贫困人口的需求进行链接，做到点对点、线对线、面对面的对接，将政策落到实处。三是倡导政策的修订和完善。社区工作者既了解社区居民，又了解政策，还了解政策与社区居民需求之间的适切性，所以社区工作者倡导政策制定者对现有政策进行修订和完善。

（三）环境营造与能力建设并重

地区发展模式强调“社区发展”和“社区中人的发展”双重目标并重。一方面，社区工作者强调居民和社区内外部资源的合作与互助，营造互助关怀的社区氛围，增进社区居民对社区的认同感和归属感。另一方面，地区发展模式强调在解决社区共性问题的过程，提升社区居民自我发展的能力，培养居民的公德意识及社区归属感和认同感。社区工作者重视社区居民参与的积极性，协助居民构建新的社会支持网络，引导他们积极投身社区建设，杜绝“两眼向上，两手向外”的“等、靠、要”思想。为提升社区居民的参与能力，社区工作者尽可能让社区居民自己决定和实施切合本社区实际的服务，满足居民的需求。

二、社会策划模式

社会策划模式是一种自上而下的社区发展模式。在此模式下，社区的发展主要依据专家的意见和知识，通过形成科学的社区发展策划方案，推动社区的发展。社会策划模式应用于“扶志扶智”的反贫困实践，聚焦贫困社区和贫困人口存在的发展意愿和发展能力不足的问题。社区工作者通过收集、分析资料，厘清问题，确定发展目标以及解决问题的可行性方案，并测试、执行方案，进行效果评估。社区工作者在服务过程中扮演专业技术人员和方案执行者的角色，制订有效、可行的实施方案，使贫困人口有计划、有步骤地解决实际困难，融入正常的社会生活。同时，社区工作者还利用专家的力量来影响社区的发展。比如，社区工作者能够充分挖掘社区内的人力资源，发挥“驻村第一书记”和“业务部门专业技术人员”的作用，组织开展种植、养殖和劳动技能等方面的培训，依靠技术专家的力量，提升贫困人口的整体素质和专业技能水平。

此外，社会工作参与“扶志扶智”的反贫困实践，还运用“社区主导型发展模式”。该模式探求政府扶贫工作机制与社区自我管理机制的有效衔接，重点在于通过为贫困人口提供表达诉求的机会，组织和鼓励贫困人口参与决策的过程。一方面，扶贫工作机制需要因地制宜，因需设计反贫困项目，确定扶贫模式和手法，重视贫困人口的参与，实现向“造血式”扶贫工作模式的转变；另一方面，贫困社区和贫困人口在反贫困工作中既有可享受的权利，也有应承担义务的责任。贫困人口需要在社区发展事务中发声、参与，以提升自己思考、分析和解决问题的能力。社会工作者作为带领者和倡导者，主要是引导贫困社区居民寻找并发现社区的问题所在，共同探讨解决问题的办法，倡导社区居民采取行动解决所面临的问题，但把最终的决策权交回社区居民手中，仅在解决问题过程中提供一定的资金支持以及提倡一些新观念。在贫困社区的发展过程中，社会工作者还特别注意女性的力量。农村贫困社区中留守村庄的人群主要是老年人、儿童和妇女。女性是贫困社区中主体性特征凸显的一类群体，社会工作者发挥妇女的力量，注重培育妇女支持小组。比如，在社区组织岗位中设定一定数量的工作岗位，由妇女担任管理职务，让妇女也能参与社区事务管理，能够在公共事务领域发声；开展多种能力的培训课程，孵化草根妇女组织；改变性别歧视的不良风俗习惯，尝试撬动不平等的性别制度和文化氛围，推动性别平等的观念在社区中生根发芽。

社区工作案例：一个乡村社区的文化营造

一、基本情况

W村是一个贫困村，共有耕地面积137.33公顷，山体面积近3 000立方，地理位置较为偏僻，村民出行多有不便。W村村内拥有多处文物古迹，有不少还被列为全国重点文物、省级重点文物。W村村民文化素质普遍不高，文化程度相对较低，缺乏科学的种植技术和专业技能等。W村共有建档立卡贫困户37户72人，其中有17户家庭成员仅为1人。W村以传统的农业经济收入为主，扶贫工作形势严峻、任务艰巨。

二、主要问题

第一，生计发展问题。W村地理位置较为偏僻，村民出行多有不便，其经济收入主要依靠传统农业生产，特色产业发展不够、特色资源挖掘不足，这就导致W村整个社区的经济发展非常滞后。

第二，村民参与社区事务积极性低。W村的村民普遍受教育水平偏低、思想闭塞、认知落后，他们既不关心社区的发展，也不参与社区事务。长此以往，村民将自己的眼界、见识囿于自己的生活范围内，看不到社区发展与个体发展的关系，也认识不到自己有责任去采取行动促进社区和自身的发展，更不能从参与的过程中获取经验，实现意识和行动的转变。

第三，社区归属感和认同感较低。作为一个贫困村，W村本应该服务本村村民，不断满足村民的社会需要，但是W村村委会受资源条件的限制，基本无法满足村民的需要，尤其是那些困难村民的需要，加之村委会服务内容、工作方法单一，缺少足够的人文关怀，这也导致W村村民的社区归属感和认同感偏低。

三、社区社会工作介入的社区文化营造实践

（一）以“社区家园”为基础推动社区的整体发展

W村以社区工作站为服务主体打造“社区家园”。“社区家园”以社区居民为主体、以社区文化为脉络、以社会工作专业力量为主力，构建起一个以“党委领导、政府主导、居民为主体、社会参与”的文化创建模式，传播正能量，改善村风民风，打通“政德教育”的最后一公里，推进农村基层社会治理现代化。

W村引入“社区家园”建设新模式，着力消除社区中存在的一些消极惫懒的现象，依据现实生活创作编排文娱节目批判“等、靠、要”“以贫为荣”等消极思想，激发贫困人口自力更生、勤劳致富的内在动力。在W村，社会工作者为充分调动村民的自治意识，从村委成员、党员、乡贤、先进模范群众等群体中选出一部分乐于奉献的志愿者和义工，让他们责任到户，每人联系一两户贫困户，引导贫困户转变思想观念，推动贫困人口积极参与劳动生产和社区事务，激发贫困人口积极向上的人生态度和发展愿望。与此同时，社会工作者依托“社区家园”开展社区自治，以“三社联动”为工作机制，主抓“精神扶贫”。近年来，W村用丰富的村民集体活动和新型为民服务的办法，对村民进行思想上的“扶志”和能力上的“扶智”，激发贫困人口的内驱力，引领贫困人口依靠顽强的意志、聪明的才智、勤劳的双手实现脱贫解困。

（二）设立学习平台和实践中心

在构建“社区家园”的同时，倡导“扶贫扶志扶智、帮困帮技帮艺”。为防范扶贫领域的不正之风，W村在村党委、村委会的支持下成立了学习和实践

中心，建立了文明传习队伍，启动“扶志扶智”大讲堂，为贫困人口送文化、送技术，鼓励能人、乡贤等支援家乡建设。W村的学习和实践中心开展了励志脱贫教育学习活动10余期，培训人数500余人，此外，还开展了“培训增技能、招聘促就业”等专题帮扶培训活动，对有就业愿望的贫困人口和扶贫干部开展政策宣讲和专业技能培训，着力打好培训与就业的组合拳。学习和实践中心着力推动W村的扶贫从“输血式”扶贫向“造血式”扶贫的转变，引导贫困人口依靠自己的双手主动摘掉贫困的“帽子”，确保脱贫攻坚取得实效。学习和实践中心的设立，补齐了W村贫困人口的精神短板，提升了贫困人口的发展能力。

为进一步促进贫困户由被动脱贫向主动脱贫转变，切实激发贫困户脱贫的内生动力，W村社会工作服务站创新工作方法，以服务区为单位，组织全镇贫困户、村干部、企业主和中小学生分批次到W村的学习和实践中心进行参观学习，开展励志脱贫教育。其中主要的教育方式有以下三种。

第一，参观扶贫展馆，树立脱贫信心。社会工作者引领贫困人口参观村镇精心打造的扶贫教育展馆，树立“扶贫扶志扶智、帮困帮技帮艺”导向，从思想上增强贫困户的脱贫意识，教育引导贫困人口从被动脱贫向主动脱贫转变。

第二，开设扶贫励志教育讲堂，激发内生动力。在开展扶贫励志教育活动时，根据不同的培训主体，社会工作者提前制作好课件，由工作人员现场讲解政府的精准扶贫政策，包括讲解低保金发放标准、危房改造政策、众筹扶贫、党建“1＋N”扶贫措施等，讲清、讲明精准扶贫退出程序及退出标准，同时根据贫困户提出的问题，现场予以解答；通过讲解贫困户所在服务区、村队的脱贫典型案例，切实提高贫困户对脱贫退出机制的认识，动员更多的爱心人士和企业主参与到精准扶贫工作中来，凝聚脱贫攻坚正能量；采取身边事教育身边人的方式，邀请脱贫典型人员和创业典型人员现身说法，现场讲述自己的脱贫经历和创业经历，激发贫困户脱贫致富的内生动力，立志通过自己的努力实现脱贫增收。

第三，参观扶贫车间，实现就业。组织贫困户到扶贫基地、扶贫车间进行参观，由车间负责人向贫困户详细地介绍车间用工情况和工资发放标准，熟悉服饰加工、手工艺品制作等的操作流程，与正在扶贫车间工作的贫困户现场交谈，鼓励贫困户就业。

四、案例小结

W 村在推进“社区家园”、学习和实践中心建设过程中，探索出了一条“扶志扶智”的新道路。W 村社会工作服务站以解决当地村民的问题为中心，立足于满足村民的需求，运用地区发展模式，通过社区环境营造、村民能力建设、推动村民参与等具体方法为村民提供了必要的支持和服务。

作为扎根基层社区的社会工作服务站，依托专业服务机构敏锐地洞悉社区问题，运用专业的工作手法创新精神扶贫的新形式，调动贫困人口的脱贫积极性。在开展每一个社会工作服务项目之前，W 村社会工作服务站都会对 W 村开展较为全面的基线调研，在项目开展的每一阶段，甚至在每一个活动开展之后都会对 W 村的村民进行访谈调研，对服务效果进行总结和反思，以便对下一次活动和下一阶段项目的开展起指导作用，这也是 W 村社区文化营造成功的一个重要因素。

第七章 社会工作参与“扶志扶智”的反贫困的实践策略

社会工作是一个助人的过程，它运用专业的理念、方法和技巧，结合贫困人口的生理、心理和社会特点，为贫困人口提供“扶志扶智”的社会工作服务，旨在树立贫困人口自力更生的发展信念，提升贫困人口自我发展的能力，恢复贫困人口的社会功能，协助贫困人口更好地融入社会和参与社会生活，进而实现自身更高的价值。具体而言，社会工作主要从自我意识、政策落实、文化素质、职业技能、社会支持网络和社区文化等维度介入，推动贫困人口主体性、创造性、能动性、自觉性和参与性的形成与发展。

第一节 完善自我意识,发展贫困人口的主体性

根据贫困人口的行为表现,脱贫动力缺乏但具备劳动能力的贫困人口可以分为三种类型:福利依赖型、宿命论型和盲目从众型。福利依赖型贫困人口主要表现为懒惰消极,对资源提供主体形成稳定预期,他们没有劳动积极性。宿命论型贫困人口受一代又一代流传下来的生活方式和行为习惯的影响,对生活失去信心、安于现状、缺乏进取心。盲目从众型贫困人口受其他贫困人口的影响,表现出与他人相一致的行为,缺乏发展目标和自我意识,对他人行为盲目追随。① 贫困人口类型学上的划分方法对社会工作介入反贫困实践有两点启示:一是社会工作的服务需要更精准,更具针对性;二是脱贫动力不足的贫困人口体现出个体主体性的缺失,而主体性缺失是贫困人口自我意识的模糊性和消极性所造成的。

从个体层面上看,自我是一种力量,具有目的性和能动性的特点,其支配和协调着个体的行动,驱动着人们主动采取行动策略,从而与周围环境进行调适与互动②。个体的自我发展是自我的各个层面在社会生活中的协调发展。贫困人口的自我发展也是自我的各个层面,包括自我观念、自我评价、自我成长目标、自我体验及自我控制综合协调的产物,但贫困人口的自

① 程玲、向德平:《能力视角下贫困人口内生动力的激发——基于农村反贫困社会工作的实践》,载《中国社会工作研究》2018 年第 2 期。

② [美] 菲利普·津巴多、罗伯特·约翰逊、薇薇安·麦卡恩:《津巴多普通心理学》,邹智敏、肖莉婷等,译,机械工业出版社 2017 年版,第 78 页。

我呈现出自我观点偏差、自我体验消极、自我评价负面、自我控制被动及自我成长目标模糊的特点。这就需要社会工作者聚焦贫困人口的自我意识，运用多种策略矫正贫困人口自我意识中存在的偏差，使贫困人口能客观评价自我，形成积极的自我体验，增强自我控制感，明确自我发展目标，树立脱贫致富和自我发展的主体性。

一、发展准确的自我观念

自我观念是个体关于自我内容的认知，直接影响其自我评价、自我体验、自我目标及自我控制感。贫困人口在自我觉知的过程中容易走极端，认为自己“不具备发展的能力和资本”“不如别人”等，对自己的行为也容易偏向采用内部归因。这就导致他们进入了负性思维与负性行为的恶性循环当中。贫困人口偏差性的自我观念衍生出负性的退缩行为，而负性的退缩行为又反过来加强贫困人口偏差的自我观念。社会工作者采用心理辅导、认知行为治疗的方式，协助贫困人口发展正向的自我观念。一是拓展贫困人口自我觉知的多种途径和多种方法。贫困人口的自我认知受认知方式的影响。一般而言，自我认知的方式有内省、行为观察、社会比较等，多种认知方式的综合可以协助个体形成相对准确的自我认知。由于贫困人口的生活和社交范围较为狭窄，其自我觉知多采取内省的方法。但是，贫困人口仅依靠内省所获得的自我观念并不完全准确。一方面，人们并不常常进行内在的省察和探索；另一方面，即使人们进行内部的省察和探索，有时候仅凭自己也无法获取准确的答案。因此，社会工作者可以通过活动带领、认知辅导、技巧训练、任务布置等方法，让贫困人口采用多种途径开展自我觉知，从而客观地认识自己。二是协助贫困人口发现自己的优势和特长。深陷贫困中的人往往会把视线聚焦在自己的不足和缺陷上，不擅长用优势视角看待自己。社会工作者需要引领贫困人口进行自我剖析，既包括智力因素方面的剖析，也包括非智力因素方面的剖析，以协助其发现自己的优势和特长，正视自己的不足，从而从内心肯定自我。三是形成积极的自我评价。社会工作者需要引导贫困人口在自我认知的过程中，重视自我评价中的“我”，他人评论中的“我”可能包含主观臆断的成分，只有揭下他人贴上的负面标签，才能激发贫困人口的进取心，引导他们勤劳实干、发展产业，才能帮助他们树立积极向上的自我形象。

二、形成客观的自我评价

自我评价是个体基于自我认知而形成的对自己的思想、行为和个性特点的判断和评价，包括对自己知识掌握能力、学习能力、思维能力、行动能力、社交能力等方面的判断和评价。自我评价影响着自我功能的发挥，影响着人与人、人与社会之间的关系模式。贫困人口的自我评价容易出现负面性的特征。负面的自我评价常常成为贫困人口自我阐释的惯性模式，让贫困人口认为自己陷入的贫困是与生俱来的、难以克服的。社会工作者在引导贫困人口发展准确的自我认知的同时，也要协助贫困人口形成客观的自我评价，从而萌生自主发展的勇气和信心。

三、形成积极的自我体验

自我体验是伴随着自我认知而产生的内在情绪触动，它反映的是自我内在需求与现实之间的关系，也就是“主我”与“客我”的关系。若“客我”能满足“主我”的要求，则个体会自我满足，获得自信、自尊等积极的情绪体验；若“客我”无法满足“主我”的要求，则个体会产生自卑、羞耻、自责等消极的情绪体验。从这个意义上来说，自我体验也具有驱力的特点，它可以激励个体获得良好的自我体验。人生来平等，有自身的尊严和体面，但是处于各种资源匮乏状态下的贫困人口，他们在经济资源获得、人际交往、社会融入等方面会处于弱势和边缘化的地位，因而会有被剥夺、被排斥的感觉，会从主观上感受到社会的不公平、不公正，进而可能产生对社会、对他人的怨恨和不满，并伴随着深深的负面情绪。贫困人口“比一般人更难接受不公平的事物，对现实中的不如意表现得更为敏感，以致在思维方式上更容易关注事物的消极面”①。所以，贫困人口的自我体验更多的是倾向于消极面，反映了他们现实的否定性评价与内在肯定性需求的相悖，容易产生消极的自我体验，如自卑、自怜、羞耻和逃避现实等。这些消极的情绪体验不利于贫困人口的身心健康，也不利于贫困人口积极的发展与成长。因此，社会工作者需要努力做到：(1) 基于尊重、接纳、同理心、非批判等核心价值原则为贫困人口提供服务，致力于为贫困人口建构一个平等的生活和工作氛围，从心理层面淡化贫困人口的贫困意识和自卑心理。(2) 协助贫困人口自我悦纳。贫困人口特别是长期处于贫困境地的人口，不相信自己有能力，害怕面对生活中的挫折和风险。因此，社会工作者在协助贫困人口客观剖析自我的基础上，促进贫困人口积极认识自己，以良好的积极心态认可自我、接纳自我。(3) 协助贫困人口参与实践性活动，如就业、参与公共事务等，使其体验成功的感

① 安素霞、侯常兴：《社会工作破解“扶贫难扶志”困境的路径分析》，载《邢台学院学报》2018 年第 1 期。

觉，产生积极的自我体验，如自尊、自信、成功感、自豪感等。

四、增强自我控制感

自我控制是自我意识的执行层面，它可以引发或制止个体的特定行为。自我控制对个体行为起监控作用，体现在自我意志层面，主要功能是发动和维持行为。部分贫困人口的人生目标模糊，人生理想缺乏，自尊和自信心较低，意志品质欠缺，自我控制难度大，对生活中遇到的问题和困难容易采用逃避性措施，因此在行动的过程中极易放弃。所以，贫困人口的自我控制具有被动性的特征，这一被动性特征影响了贫困人口自我功能的发挥和行为能力的增强。社会工作者从心理层面增强贫困人口的自我控制感，运用心理辅导、社会参与等活动，让贫困人口确认自己是有能力的，是自己生活和命运的主宰者和驾驭者，进一步增强贫困人口的自我效能感。

五、明确自我发展目标

目标是人发展和成长的驱动力。没有目标，人很容易向现实妥协。贫困人口正是因为目标的缺失而缺乏向上的动力。社会工作者协助贫困人口确立人生发展目标，充分挖掘贫困人口自身的资源和优势，并以尊重、接纳、非批判的原则鼓励他们发挥自己的潜能，重新审视自身的内在价值，重构人生的目标，激发他们的内生动力，最终激起他们脱贫致富的斗志和对美好生活的向往。①

---

① 东波、南静静：《社会工作"志智双扶"助力精准脱贫路径探微》，载《怀化学院学报》2019 年第 3 期。

第二节　推动政策落地，激发贫困人口的创造性

社会工作参与反贫困的重要的工作任务之一便是推动反贫困政策的切实落地，让贫困人口享受政策福祉。有别于其他的工作方法，社会工作不仅仅是执行和落实政策，强调政策效应的发挥，而且关注贫困人口在受惠于政策的同时自我力量的生长。社会工作将行政的外部支持性力量和服务对象的内源性力量进行有机整合，激发贫困人口的创造性，让贫困人口在充分理解政策的基础上，利用政策，彰显创新精神，运用新办法，获得自我的可持续发展。

作为反贫困政策的执行者和传递者，社会工作者主要承担了政策宣传、政策执行和政策评估等职责，这直接关系反贫困政策是不是宣传到位、贫困人口是不是了解真正的政策意涵、贫困人口是不是从政策中受惠等问题。首先，社会工作者开展政策宣传工作，将反贫困政策宣传与贫困人口进行有效连接，甚至是一对一地精准连接，以防止出现政策宣传不到位等现象。其次，社会工作者通过精准识别、代理申请、倡导行为、资源链接等方式助力反贫困政策的有效落地。最后，社会工作者系统评估政策的效果，进一步推动政策的完善。具体如下。

一、加强培训，提高认识

习近平总书记强调：“越是进行脱贫攻坚战，越是要加强和改善党的领导。各级领导干部要保持顽强的工作作风和拼劲，满腔热情做好脱贫攻坚

工作。”我们要想激发各级领导干部对反贫困工作的热情和积极性，就需要进一步加强对各级领导干部的思想和精神教育。有些贫困地区确实存在一些党员干部思想、政策理论学习主动性不足的现象。针对这些现象，社会工作者通过各种方式开展贫困地区领导干部、扶贫工作人员的教育学习活动。例如，开展政策宣讲会、培训班或进行一对一讲解等方式，让其深入学习反贫困政策，领会反贫困政策的精髓，从而更好地带领本区域开展反贫困工作。特别是，在各级领导干部、扶贫工作人员对精神贫困、精神脱贫问题认知和理解不够充分的情况下，社会工作者专门针对此专题进行宣讲，不仅仅要让他们知道概念、政策的表面之义，还要让他们深刻理解政策的内涵。只有促使各级领导干部、扶贫工作人员首先从思想上清晰地认识到精神文化对贫困人口发展的必要性与重要性，率先实现思想脱贫，才能进一步鼓励贫困人口精神脱贫。除了增强各级领导干部、扶贫工作人员的政策认知外，还需要对贫困人口进行政策宣传，让贫困人口知政策、明政策、讲政策、用政策。贫困人口如何理解反贫困政策，将直接影响着贫困人口对反贫困政策的态度。所以，社会工作者采用入户政策宣讲、发放政策手册、编排政策小品/情景剧等形式，让贫困人口知道反贫困政策的内容、理解反贫困政策的意涵、合理利用反贫困政策，发展生产以改善自己的生活。比如，R村贫困户郑某利用小额贷款扶贫政策发展养牛产业的案例。郑某一家为建档立卡贫困户，家里有五口人，其母亲和妻子因疾病而丧失劳动能力，他的两个女儿都正在上学，学杂费是一笔不小的开支。郑某家庭收入来源渠道单一，经济非常困难，一直自怨自艾，处于等待政策兜底保障的状态。因其有养牛的经验，在社会工作者的帮助下了解了小额贷款政策，开启了家庭养牛的事业。从养一头牛开始发展到养十多头牛，郑某的养殖技术不断提高，经济收入也增长了许多，成功脱贫。

二、多策并举，合力增效

为了发挥反贫困政策更大的效力，树立贫困人口的脱贫自信心，激发贫困人口的创造性，社会工作者采用多种形式为贫困人口送去“精神食粮”。一是建立政策宣传阵地。例如，社会工作者与某村社区共同协作，开辟一个专门的政策宣传阵地，汇集反贫困政策的宣传海报、宣传单、政策文本等材料，方便村民们随时查阅相关政策文件，同时社会工作者也以此阵地为基础开展专项政策的宣讲活动。二是有针对性地开展政策宣讲活动。例如，在“一户一策”的基础上，社会工作者与帮扶队工作人员一起以入户的形式向每一位贫困人口详细介绍政府的民生政策、该贫困户可以享受的各类政策，以及脱贫致富的一些好思路、好措施等，鼓励贫困人口充分利用政策的支持发展生产。又如，面对贫困户接收信息的能力较差的现实情况，社会工作者采取形象化、具体化、案例化及重复化的方式为其进行解读，旨在加强贫困人口对政策的了解，特别是让贫困人口了解政策背后的意涵，政策支持不仅只是改善贫困人口眼前的困难，而且希望能持续地改变贫困人口的生活。三是培育一支宣传团队。例如，社会工作者依托当地的社会资源，培育一支思想政治工作宣传队，队伍里的工作人员既可以是当地的党员干部，也可以是当地有威望的人，他们采用贫困人口喜闻乐见的宣传方式，深入反贫困工作的一线开展政策宣讲活动，进而加大反贫困政策的宣传力度，引导贫困人口了解政策、学习政策，运用政策武装头脑、激发内生动力，营造起“脱贫光荣”的浓厚社会氛围。

三、互动沟通，助力引力

拉近贫困地区与社会的联系，实现贫困地区与社会的融合发展，反贫困政策的宣传与落实是一个有效的途径。反贫困政策倡导大扶贫格局的形成，这就需要有更多的社会力量参与反贫困工作。社会工作者通过两种引力助力反贫困：一是通过与贫困地区、贫困人口之间的接触、交流，在深入了解贫困地区及贫困人口的基础上，利用新媒体平台发布推文，展现贫困地区的地理风貌和人文风貌，展示贫困人口的生活状态与精神样貌，以及社会工作的服务过程与服务成效，让更多的力量参与贫困地区、贫困人口“扶志扶智”的反贫困实践；二是与当地社会新闻媒体平台建立联动机制，邀请记者深入一线进行采访，将贫困地区的风土人情、脱贫效果等及时传递出去，引发政府和社会的关注和重视。通过建立贫困地区与外界的有效联系，一方面，政府和社会大众可以及时地了解贫困地区发展的相关信息，给予贫困地区和贫困人口关注和重视；另一方面，社会的关注也在无形中影响着贫困人口的思想和行为，使得贫困人口的思想素质也逐步提升，贫困地区的脱贫效果更加显著。

第三节　开展教育培训，增强贫困人口的主观能动性

在知识经济时代，越来越多的劳动岗位要求从业者有一定的文化水平和专业技能。贫困人口大多没有接受过较好的教育，也没有掌握一技之长，

这就产生了两个方面的问题。一是企业不愿为没有文化、没有技能的贫困人口提供就业岗位。因为，相比于一般的求职人员，招聘此类型的工作人员意味着企业在其入职前要对其进行专门的职业技能培训。相比于一般的求职人员，这需要耗费雇用单位更多的人力、物力和财力资源，企业的生产成本在无形中大大增加。二是贫困人口会因为自身文化和技能的缺乏而丧失主动就业的意愿。(1) 相较于获取低薪低职的工作，获取贫困户资格更容易拥有轻松的生活；(2) 贫困人口在就业单位会因为缺少知识和技术而遭遇挫折，这将会损害贫困人口的自尊和自信，让他们更愿意选择享受贫困户资格带来的各种扶助。所以，我们要进一步提升贫困人口的综合素质，包括贫困人口的基本劳动素养、专业技能和社会适应能力，让贫困人口能对外部环境的刺激做出积极的、有选择性的反应，而不是受制于外界或他人。

一、提升贫困人口的农业生产能力

长期从事农业生产活动的劳动者，文化水平普遍较低，此外他们的农业生产活动主要基于传统的农业生产经验开展，缺乏科学种植技术的支持。因此，贫困人口要想脱贫致富，没有“志”不行，没有“智”同样也不行。例如，某地有两户养鸡户，他们热情都很高，有一户精通养殖技术，很快就脱贫了；但另一户则因缺乏专业技术，一个月的时间，鸡苗全部死亡，越养越亏。社会工作者根据当地的农业生产特色，与当地农业专家、学者建立了合作联系，定期为贫困人口开展相关的农业生产及养殖知识与技能培训，以及农业政策法规讲座等，以提高贫困人口的农业生产技能。同时，社会工作者也因地制宜，根据当地农业生产的特色，倡导政府引进外资，促进农产品的深加工，延长产业链，提高农产品的附加值，这也为贫困人口带来一定的就业机会，增加贫困人口的收入。

二、提升贫困人口的专业技能

贫困地区存在一部分贫困人口因劳动能力弱而无法获得就业机会的情况。社会工作者运用小组工作的方法，将本区域内的贫困人口组织起来，成立一个成长互助小组，组内成员之间通过互相交流、劳动实践、经验分享、培训示范等方式，共享知识、技能和就业信息。同时，对于有特殊需要的贫困人口，社会工作者帮助他们联系当地的职业院校，通过学校课程学习专门的知识和技能。此外，社会工作者还帮贫困人口联系用人单位，根据用人单位的要求，将就业信息及时分享给适合的贫困人口，让他们有机会进入劳动力市场。一方面，这为贫困人口更好地就业以实现更快脱贫提供了通畅的渠道；另一方面，贫困人口在学习了专业技能后会逐步形成对自身发展的美好憧憬与期待，这也是从心理层面增强了贫困人口的自信心，为他们此后的脱贫和发展起一定的推动作用。

三、提升贫困人口的社会适应能力

社会工作者要做好“扶智”工作，应着重于帮助贫困人口增强适应社会的能力。贫困人口的脱贫除了要有脱贫动力外，还需要有脱贫抓手。产业发展是脱贫的抓手之一。产业发展不仅是生产出特定的产品，还要将产品转变为满足社会需求的商品。好的产品需要畅通的销售渠道，但农村地区信息相对封闭，市场信息无法有效传递。因此，社会工作者提升贫困人口获取市场信息的能力及发展农业产业的能力，使他们既了解本地的市场情况，又了解外界市场的情况；既看到眼下的市场行情，又能科学地预测其发展趋势。社会工作者尤其注重对贫困人口进行信息技术和网络技术的培训，教他们学会利用互联网获取农业市场信息，使得他们可以根据市场需求调整种植农作物的种类与数量，合理安排农产品销售时间，有效地规避市场风险，实现收益最大化。

第四节　建构支持网络，提高贫困人口的自觉性

社会工作者相信贫困人口之所以贫困，原因并不仅仅出于他们自身，他们所处的环境也是致使他们陷入贫困的重要因素。据此，社会工作者秉持“人在情境中”的助人理念，致力于改善或改变贫困人口所处的环境，协助他们搭建社会支持网络，帮助他们从环境中获取资源。从系统理论的角度来说，贫困问题的本质是贫困人口和其生活环境的连接出现了某种断裂，这种断裂阻碍了他们从社会环境中汲取“营养”。我国对贫困人口实施帮助的一个最重要的方式是社会资源的动员。其中典型的行动就是扶贫济困送温暖活动，它要求政府部门或者企业、个人在每年的春节等重要节日，为贫困人口提供资金和生活物品等支持，让他们体会到社会的关怀。另外，还有动员社区的单位、居民家庭、志愿者合力帮助一户贫困家庭，除给予该贫困户一定的物质支持外，也帮助其解决生活中面临的其他困难，如子女教育、医疗

服务、法律援助等。[1] 政府层面的扶贫政策更多的是以“输血”的形式向贫困人口提供物质支持，这种方式聚焦于物质问题的处理，却忽略了较难解决的非物质层面的问题，使得贫困人口的脱贫意愿、脱贫能力处于较低水平。此外，该种方式也容易导致单向的救济网络，形成较封闭、单一的社会支持网络。

一、整合资源，提升贫困人口社会参与的积极性

贫困地区普遍存在资源匮乏、资源调动困难的现象，部分贫困人口对资源认知不足，缺乏获取资源的意识和手段，在这种情况下，社会工作者就需要开发、动员和挖掘更多的资源投入贫困地区和贫困人口的发展中。社会工作者通过人际关系技巧训练、资源链接、政策倡导等方式协助贫困人口搭建全方位的社会支持网络，增强贫困人口与社会的联系，以此来帮助贫困人口获得情感、物质、信息等方面的支持，助力贫困人口解决在生产生活中遇到的问题。社会支持理论认为，一个人拥有的社会网络越强大，就越能更好地应对各种风险和挑战。贫困人口的社会支持网络是以“家庭为核心，由亲戚朋友支持、社区支持、社会组织支持、政府支持等”为同心圆构成的支持格局。通过社会支持网络的搭建、社会工作者协助贫困人口参与扶贫事务或生计发展项目，促使贫困人口更好地融入社会，充分获取政府及各方扶贫力量的资源，从而获得脱贫致富的动力。同时，贫困人口在社会参与的过程中，逐步树立起脱贫的自觉性，把自己视为脱贫的“主动者”，而不是接受外

① 罗艳萍：《试论社会工作在我国城市反贫困领域面对的任务》，载《法制与社会》2006年第18期。

来帮扶的“被动者”，使贫困人口认识到自己不仅是扶贫工作的受益者，还是脱贫致富的主要力量。

社会工作者重视社会支持网络对贫困人口的积极作用，关注社会支持网络中正式支持和非正式支持的差异化特性，特别强调社区特性和个人特性对社会支持网络的影响。因此，社会工作者将社会工作的专业要素注入贫困人口的社会支持网络建构过程中。一是评估贫困人口的社会支持网络。贫困人口的社会支持网络评估主要从个人与社区两个层面展开。个人层面的评估着眼于贫困人口及其家庭的问题和需求，分析贫困人口的主要生活领域和关系网络，发现其关系网络的优势和不足之处。社区层面的评估重点在于：社区的社会支持网络资源，包括正式的支持资源（如来源于卫生部门、教育部门、农业部门、交通部门等的资源）和非正式的支持资源（如来源于邻里、亲戚、朋友等的资源）；各类支持网络所能提供的支持类型；正式支持系统和非正式支持系统之间的关系；有哪些资源可以用来解决贫困人口的困境，以及未启用、待开发的资源有哪些；等等。二是推动支持资源的有效供给。一方面，基于贫困人口的需求类型，社会工作者将贫困人口的需求与支持方的资源进行有效对接，以发挥资源的服务效用。另一方面，动员贫困人口的家人、朋友、邻里甚至贫困人口自身等非正式支持与正式支持系统配合，形成守望相助的社会支持模式。三是挖掘和开发资源。社会工作者通过服务方案创新资源和开发资源，同时着手于社区内的待开发资源，通过服务活动动员、鼓励和倡导更多的支持主体参与扶贫工作。

社会支持网络的建构能使贫困人口的社会环境发生变化，能起到能量输入的作用，提升贫困人口自助的信心。例如，某社会工作机构在农村开展的“精神扶贫服务项目”，此项目聚焦贫困人口的内在发展动力。该机构社会工作者链接扶贫车间（扶贫车间是将产业扶贫思想与农村闲置劳动力结合起来助力农户稳定增收的一种扶贫策略）、公益岗位、社会企业的资源，为贫困人口提供岗位与创业资源，为贫困人口构建了更开阔、更丰富的社会支持网络。该社会工作机构通过鼓励、引导和带动贫困人口参与生产活动，不但使其从心理层面体验到了尊严，提升了自我效能感，而且在这一过程中，贫困人口通过与他人互动交流，形成了更广阔的人际交往空间。

二、宣传典型案例，营造自主发展的脱贫氛围

反贫困最终的目的是让贫困人口自食其力。在反贫困的进程中，部分贫困地区、贫困人口率先脱贫、率先致富，并且积累了丰富的脱贫致富经验。这部分脱贫人口因为掌握了基本技能和拥有了脱贫致富的信心，成为致富典型。[①] 贫困地区脱贫人口良好的精神状态能够感染其他思想落后、精神懒散的贫困人口，帮助他们树立正确的世界观、人生观、价值观。因此，社会工作者在参与“扶志扶智”的反贫困实践中，通过大力宣传脱贫致富的典型案例，尤其注重充分利用当地的媒体资源挖掘脱贫致富的新闻素材，营造“扶真贫、真扶贫”“扶贫先扶智”“自立自强、脱贫光荣”的社会氛围。例如，陕西省大力开展“脱贫致富典型”“道德模范”“最美家庭”“身边好人”等评选活动；贫困户李某右手严重烧伤、没有手指，家里有 4 口人，其中 3 人都有残疾，但他不等、不靠、不要，通过种烤烟、养猪，实现了自主脱贫。他的事迹一经

① 陈岩、宋国权：《“扶智”在精准扶贫中的长效作用及实践路径》，载《中国市场》2019 年第 5 期。

传开，很多有“等、靠、要”惰性思想的贫困户深受鼓舞并纷纷积极效仿。①

另外，社会工作者充分发挥“政策影响人”的角色，通过总结经验，形成建议，将贫困户的真实情况反馈给当地的政府部门，促使政府部门制定相关的激励机制，及时给予当地一些致富典型、脱贫代表物质上的奖励，并且把他们树立为脱贫楷模，大力宣扬他们的先进事迹，以此鼓舞士气，号召广大老百姓，尤其是贫困人口，向这些敢想、敢干的致富典型学习、靠齐，借助榜样的力量鞭策更多的贫困人口增长勤劳致富的志气。由此可见，物质激励、媒体传播营造的良好的脱贫致富舆论氛围，既可以增强贫困人口的集体归属感与认同感，引发他们的情感共鸣②，又可以激发贫困人口的爱国主义情感和民族自豪感，坚定他们致富的信念。

第五节　消解贫困文化，提高贫困人口的社会参与性

要摆脱精神贫困，精神文化建设是保障。贫困地区精神文化建设情况直接反映了当地的精神风貌和文明程度。加强贫困地区的文化建设，不仅可以提高贫困人口整体的文化水平和知识素养，而且可以为当地的反贫困工作提供坚实的文化基础。因此，社会工作者在参与“扶志扶智”的反贫困实践时，除了要关心社区共性问题的解决，还要关注社区文化的营造。通过

① 贺荣：《强化扶志扶智　激活内生动力》，载《行政管理改革》2018 年第 8 期。

② 陈岩、宋国权：《“扶智”在精准扶贫中的长效作用及实践路径》，载《中国市场》2019 年第 5 期。

社区文化的营造，消解贫困社区的贫困文化，建设亲和友善、积极向上的社区文化，并激发贫困人口对国家、社会、社区及个人事务的关注，提高他们社会参与的积极性。

一、链接社会资源，夯实贫困地区的文化建设

第一，发挥政府在文化建设中的主体和引导作用，创设贫困地区文化建设的政策环境。社会工作者发挥“政策影响人”的角色，倡导政府在贫困地区的文化建设方面投入更多的支持。近年来，在国家大力的扶持下，贫困地区的经济逐步提升，但其文化建设仍处于起步阶段，存在文化基础设施落后、文化基础设施建设与文化需求错位、文化服务供给不足等问题。我国政府拥有丰富的文化资源和强大的社会动员能力，所以社会工作者在开展反贫困服务时，引导政府从经济与文化协调发展的高度重视和关注贫困地区文化建设工作，倡导政府在文化建设上投入更多的资源，以引导更多的主体积极参与扶贫。同时，社会工作者还倡导政府重视社区特色文化建设和文化队伍建设，从而在宏观层面上为反贫困工作构建一个良好的政策环境，进一步促进贫困地区文化的发展和完善。①

第二，广泛发动民间力量参与，形成文化建设的合作机制。在反贫困政策的扶持下，社区内部发展了一些企业和社区自组织，包括农业专业合作社、大户主导型合作社、外来资本下乡合作社及本土精英返乡创业合作社等。社会工作者与当地的组织和企业建立合作机制，成为政府与组织、企业沟通的桥梁，并挖掘组织和企业的优势，让组织和企业在发展特色产业的同

① 宋振玲、彭蕾：《社会工作介入精准扶贫对策研究》，载《法制与社会》2019 年第 27 期。

时，为贫困社区的文化发展做出贡献。例如，企业通过捐赠的方式为贫困社区增设一些文化基础设施，来丰富贫困人口的文化生活，从而营造良好的社会氛围。

第三，引入多方主体参与，加强贫困社区的文化设施建设。社会工作者通过创设一些项目吸引各方扶贫力量参与扶贫，并与其建立联动机制，帮助贫困人口积累社会资本，使其获得自身需要但又无法获得的资源。社会工作者还与各方扶贫力量一起，为贫困地区配置一批基本的文化设施，如文化舞台、文化墙、农家书屋、文化活动室等，为贫困人口提高文化知识水平提供条件。

二、丰富文化生活，提高贫困地区的文明程度

在精神文化建设上，社会工作者以社区整体为服务对象，通过社区文化活动的开展营造社区文化氛围。社会工作者采用需求评估、资源动员、激励参与等方式有计划、有步骤地为贫困社区提供文化服务活动，丰富贫困社区的文化生活、紧密社区关系、减少居民矛盾冲突、树立居民自助互助的精神，增强贫困人口对社区的认同感和归属感，增强社区凝聚力。

社会工作者采用引导贫困人口自我服务与动员外部力量援助服务的双重策略为贫困社区提供形式多样、内容丰富的文化服务活动。一方面，社会工作者通过挖掘本地的文化骨干、培育本地的文化团队，自编自导地开展文化活动。另一方面，社会工作者动员外部援助力量，如邀请社会文艺类组织或者大学生志愿者，深入贫困社区开展文化活动。不管是自主服务活动，还是援助服务活动，在文化活动设计上尤其注重融入扶贫政策以及脱贫典型

故事。这样的文化服务活动既让贫困人口享受到一场场的文化盛宴，又让贫困人口在观看节目与参与活动的过程中潜移默化地受到文化的熏陶，使得多样化的文化活动起到直接触动贫困人口心灵深处的作用。

在形式多样的文化活动中，社会工作特别重视当地特色文化的传承与创新。贫困地区的文化是特色文化的一部分，同时也是中华民族文化的一部分。贫困地区的特色传统文化必须大力扶持和发展，特别是其中的优秀文化要加以传承和保护。社会工作者链接并利用当地和外地的资源，邀请专家和学者深入贫困地区人民的生活，切身感受当地的文化特色，为传统文化的传承与创新把脉，以发挥传统优秀文化的功能。

此外，社会工作者通过开展文化服务活动，提升贫困人口的文明水平。为加快推动贫困地区的文明进程，提高贫困人口的文明水平，社会工作者邀请一些有影响力的心理专家、健康专家、法律专家等深入社区开展系列讲座，为当地居民提供心理、生活、就业、法律上的咨询与指导。例如：通过心理疏导缓解贫困人口的心理问题；通过生活引导帮助贫困人口积极面对生活；通过就业技能培训增强贫困人口的专业能力；通过法律指导维护贫困人口的合法权益；等等。这一系列的专业讲座聚焦于用知识武装贫困人口的头脑，以有效增加他们的知识储备，提升他们自我解决问题的能力。

三、弘扬脱贫文化，撬动贫困根源

文化对思想、信念、行为的影响是潜移默化的。从某种程度上说，文化决定了处于其中的个体的思维方式和行为模式。贫困地区的地理环境、历史演变、生产生活方式及社会互动模式等形塑了贫困地区的文化。处于其中的贫困人口由此形成了一种独特的文化观念和生活方式，即贫困亚文化。贫困亚文化中的贫困人口呈现知识贫乏、思想较为封闭、社交范围窄、眼界狭小、生活无目标、自我效能感低等特征。只有消解贫困文化，撬动贫困人口贫困的精神根源，才能真正地充盈贫困人口的精神，改变贫困人口的精神状态。

社会工作秉持以人为核心的发展观，运用个案工作、小组工作和社区工作的工作方法，从微观的贫困人口与中观的社区介入，在有针对性地逐个破解贫困人口的精神之困的同时，营造积极向上的社区氛围和社区文化。在微观个体层面，社会工作者通过动机式访谈、榜样示范、行为学习等方式，差异化地向贫困人口提供服务，与贫困人口一起分析他们的思想观念是如何受贫困文化影响的，理解贫困文化与贫困之间的关系，使贫困人口认识到做出改变的必要性，探索改变的可能性和路径，进而激发贫困人口改变的动力；在中观的社区层面，社会工作倡导社区活动的全员参与、开展面对全员的教育培训、培育社区的脱贫精神领袖或社区骨干、完善社区文化基础设施、提供丰富多样的文化活动等。由此，通过贫困人口与环境的同步调整、互倚共进、协调发展，社区形成了崭新、积极、充满活力的脱贫文化。例如，“扶志扶智”的反贫困实践中，社会工作者以社区文化营造为着力点，定期评选脱贫的典型案例，并通过表彰大会、典型经验分享会、媒体等途径全方位宣传，这些典型案例在激发贫困人口的自我实现需求的同时，推动了自立自主的发展观念在社区的蔓延，由此社区形成良好的脱贫文化氛围。

第八章　社会工作参与“扶志扶智”的反贫困实践的启示与建议

社会工作依托其准确、灵活、高效的专业特点参与“扶志扶智”的反贫困实践，运用专业的方法和技巧为贫困人口提供专业的服务，注重贫困人口个体的成长与发展，通过“授人以渔”的工作策略，帮助贫困人口重新树立自尊心和自信心，增强了贫困人口的主动性、积极性和创造性，使得贫困人口能通过自身的努力逐步改善和提高生活水平和生活质量。在我国“扶志扶智”的反贫困实践中，社会工作基于我国的国情、贫困状况及贫困人口的特点提供服务，在长期的服务过程中积累了大量反贫困的经验和做法，也逐步探索出一些行之有效的方法与技巧。这些经验、做法、方法和技巧切合贫困地区和贫困人口的现实情境，很好地回应并推动了贫困地区和贫困人口的需求与发展。社会工作在反贫困领域的服务经验为社会工作参与“扶志扶智”的反贫困实践提供了借鉴，而社会工作在“扶志扶智”的反贫困实践方面的探索，也为社会工作参与反贫困提供了更大的发展空间。

第一节　社会工作参与“扶志扶智”的反贫困实践的启示

一、关注社会工作参与“扶志扶智”的反贫困实践的过程效应

社会工作参与“扶志扶智”的反贫困实践，是社会工作在共建共治共享的社会发展理念的指导下，坚持以人为本、助人自助的社会工作价值观，把工作的重点放在人的改变上，围绕人的发展提供服务，以激发、培育贫困人口自主发展的内生动力，引导其树立自主脱贫、自主发展的理念，协助其改变生活方式和行为习惯，解决阻碍贫困人口摆脱贫困的各种深层次的思想观念问题。社会工作在“扶志扶智”的反贫困实践中充分运用社会工作的理念和方法，在贫困人口、贫困家庭和贫困社区开展以信心、志向、勇气、毅力为基础的“志智”建设，以生计发展、社会适应、社会交往、社会参与为中心的能力建设，夯实巩固脱贫成效和可持续发展的社会基础。社会工作参与“扶志扶智”的反贫困实践是一个逐步融合的过程，这个过程由三个阶段构成，即初步融合阶段、中度融合阶段和深度融合阶段。

（一）初步融合阶段

初步融合阶段是社会工作者充分了解贫困人口及与其建立专业关系的阶段。社会工作者通过面谈、家访、资料查阅等多途径收集贫困人口、贫困家庭及其所在社区的相关信息和资料，并基于收集到的资料，从多维度对贫困人口、贫困家庭和贫困社区进行系统评估，以充分了解贫困人口的现实状况，掌握贫困人口对现实状况的理解，分析贫困社区、贫困人口的致贫机理。

这些工作的开展，一方面是为了甄别服务对象，另一方面是为了寻找现实条件下社会工作开展“扶志扶智”工作的切入点，为干预和介入活动做准备，以便形成完备的介入方案。

第一，甄别服务对象。社会工作者通过实地走访，了解贫困人口及其所在社区的实际状况，包括贫困类型、贫困程度、致贫原因、拥有的资源、曾经做过的努力、成功的经验和失败的教训等，这有助于精准识别服务对象。贫困人口的贫困表现具有一致性，外在可测量的标准是经济收入较低，但不是所有的低收入群体均是社会工作“扶志扶智”的对象，如重疾重残、年老体弱等无劳动力者就不在社会工作“扶志扶智”的范围内。“扶志扶智”的对象主要是具有劳动能力，但其自主发展意识薄弱、自主发展能力欠缺的贫困人口。

第二，辨识贫困产生的原因。贫困人口的致贫原因是复杂多维的，如身体健康状况差(疾病或重度残疾)、家庭劳动力不足、生产资本缺乏、受教育程度低等。每一种致贫原因背后都隐含着更多的信息，如因病致贫意味着贫困家庭要承担高昂的医疗费用、家庭劳动力减少、家庭成员可能会丧失对未来生活的期许等，也意味着贫困家庭缺乏发展生产的资本、技术和能力。同时，在这些原因背后还潜藏着贫困人口在其自身的发展过程中未能获得有效的经验和发展能力。众多致贫原因之下，社会工作者需要清晰地识别贫困人口、贫困家庭及贫困地区最为迫切的需求。除此之外，社会工作者还要看到贫困人口面对困境时所做出的各种努力，体会他们的努力和尝试遭遇失败后的无助；要发现贫困人口的优势和资源，这是贫困人口改变的着力点。贫困人口服务的多重目标要求社会工作者面向贫困人口、贫困家庭或贫困社区提供多维度的服务，因应其困难、需求、贫困原因的不同而形成不同的介入方案，采用不同的介入技巧和策略。

第三，形成完备的介入方案。社会工作者在充分了解贫困人口和贫困社区的现状，明确介入目标的基础上，撰写介入方案，包括具体的干预方法（个案、小组、社区、社会政策及整合的介入等模式），介入方式和策略（理性情绪治疗、行为干预、赋权增能、社会资本构建及系统环境改善等），活动筹划及资源联络等内容。特别是，针对不同类型的“扶志扶智”对象社会工作者形成个别化的介入方案和策略。与此同时，社会工作者还与贫困人口、村干部、村民代表共同探讨介入方案的可行性、可能存在的不足与漏洞，从而进一步完善介入方案。

（二）中度融合阶段

中度融合阶段是社会工作者将干预方案付诸实践的过程，是社会工作者在“助人自助”核心理念的指导下，充分利用、整合和挖掘各类资源，注重激发贫困人口自主脱贫动力，关注贫困人口脱贫能力提升，实现介入目标的过程。一是社会工作者针对贫困人口“志智不足”的不同成因，运用个案工作方法、小组工作方法及社区工作方法，运用心理辅导、榜样示范、同感共情、正向激励等策略，与贫困人口建立良好的专业关系，增强贫困人口的脱贫信心，培养贫困人口的主体意识，提升贫困人口的社会适应能力、社会交往能力、专业知识和技术能力。二是社会工作者通过积极挖掘资源、拓展资源、共享资源、整合资源等方式开展资源链接，协助贫困人口发展社会支持网络。三是社会工作者在积极改善贫困人口生活条件的同时，注重社区及社区居民的整体性改善。社会工作者面向社区与社区居民开展一些比较“接地气”的专业活动，如推动建设社区综合服务中心、社区活动中心、社区文化广场、社区志愿服务队伍等，实施社区“人文地景产”的全方位营造，塑造社区的文化氛围，提升社区与社区居民的整体精神面貌。

（三）深度融合阶段

社会工作与“扶志扶智”的反贫困实践的深度融合是在中度融合的基础上，持续开发资源、逐步深度介入，以巩固服务成效，保障贫困人口脱贫的可持续性。一是继续创新“造血”扶贫机制。持续“造血”带来的积极效应是“扶志扶智”取得成效的重要保障。社会工作者持续推动贫困人口就业、创业、参与劳动，促使贫困人口通过自己的劳动努力改善自身的生活境遇，同时也使贫困人口在劳动的过程中获得对自我生活的控制感和自信心。二是持续开展教育扶贫。扶贫先“扶智”是阻止贫困代际传递的有效方式之一。社会工作者在深入了解贫困人口的教育需求（包括素质教育、专业技能教育、知识文化教育等方面的需求）的基础上，为贫困人口链接教育资源、开发教育资源，让每个想受教育的贫困人口都能接受教育。三是持续打造社区文化，激发社区动力。社会工作者以培育居民文化组织为起始点，如组织社区居民成立妇女协会、篮球协会、民间艺术协会、广场舞协会、老年人协会等自治组织，打造社区文化，培养社区居民的社区参与意识。同时，社会工作者还通过协助社区修建文化室、文化广场等公共空间来增强贫困地区的社区凝聚力。四是社会工作者还加大宣传力度，扩大社会慈善帮扶范围，努力为贫困人口构建社会支持网络。深度融合阶段的各项介入措施，可促使“扶志扶智”的成效更加巩固和持久。

二、注重社会工作整合介入模式的运用

在“扶志扶智”的反贫困实践中，社会工作面临的贫困人口的问题并不是一个单一的问题。虽然从表面上来看，“扶志扶智”就是激发贫困人口的内生动力，提升其发展能力，但这一目标的实现是一个系统工程。它不仅涉及贫困人口的心理，包括自我认知、自我控制、自我效能、自我意向、情绪、动机、态度及能力等方面，还涉及贫困人口所处环境的结构性因素及贫困人口与环境之间的互动。同时，贫困人口“志智不足”的原因也是多元且复杂的。这就需要社会工作者采用整合介入的模式，运用多种技术进行整体性和综合性干预，从而实现“扶志扶智”的工作目标。

整合介入模式是适应贫困人口“扶志扶智”实践特点的工作方法之一。社会工作的整合介入模式是一种以服务对象需求为中心的介入模式，会因应服务对象在现实生活情境中的问题和需求进行干预，综合性地使用社会工作的专业方法来提供服务。一是在“扶志扶智”的反贫困实践中，社会工作围绕贫困人口内生动力的激发和发展能力的提升，将个案工作、小组工作与社区工作方法在服务活动中有机融合，既有针对贫困人口及家庭的个案工作，又有内容丰富的小组工作，还有依托社区开展的社区工作。社会工作采用多种介入方法和技巧，实现个体、家庭、社区、社会的联动，解决贫困人口面临的问题。二是在“扶志扶智”的反贫困实践中，社会工作者将贫困人口视为一个完整的人，综合生理、心理、社会等维度认识和理解贫困人口。最后，在“扶志扶智”的反贫困实践中，社会工作者强调整合和利用资源，他们更多地扮演整合者、资源链接者、协助者等多重角色。

三、重视社会工作参与“扶志扶智”的反贫困实践的系统效应

“扶志扶智”的反贫困实践是一个由浅入深、由微入甚的过程。社会工作的服务过程是由社会工作的四个基本系统相互协调以完成既定目标的过程。四个基本系统包含改变媒介系统、服务对象系统、目标系统和行动系统。社会工作的核心任务是“助人自助”。在“扶志扶智”的反贫困实践中，社会工作立足于“助人自助”的核心理念，从贫困人口的“志”“智”层面展开能力建设和驱力建设。在改变媒介系统中，社会工作者扮演的角色是使能者，肩负链接资源、协调各方力量、整合服务方案的责任，并组织推动项目的实施，最终达成服务目标。从激发贫困人口脱贫意识的层面来看，社会工作者可以从多个维度增强贫困人口改变的积极性，激发其内生动力。从推动贫困人口能力建设层面来看，社会工作者可以联系贫困人口知识及能力提升所需的专家、学者、教师，对贫困人口进行知识启蒙、技术培训、社会适应教育等，提升贫困人口的脱贫能力，增加其脱贫智慧。在服务对象系统中，贫困人口及其家庭是主要对象。目标系统在社会工作服务系统里是非常重要的一环，想要解决贫困人口“志”“智”不足的问题，一方面要促成贫困人口信念、技能的改变，另一方面要促成贫困人口生活环境的改变。社会工作着眼于贫困人口的改变，是要实现贫困人口发展意愿、综合素质和发展能力的提升；着眼于贫困人口生活环境的改变，是要实现环境的改善及使其与贫困人口相适应。制订贫困人口可以达到的目标是实现改变的第一步。在行动系统中，社会工作者协调与贫困人口有关的人、社会关系和各类资源，使其一起构成协调一致的行动系统，从而为贫困人口服务。社会工作的服务系

统，就好比政府扶贫过程中的“组合拳”，具有专业性和科学性的特点，使社会工作在“扶志扶智”的反贫困实践中更具优势。

第二节　社会工作参与“扶志扶智”的反贫困实践的政策建议

为了更好地发挥社会工作在“扶志扶智”的反贫困实践中的功能和作用，政策设计、农村社会工作机构发展、专业人才培育等方面还需要持续发力。政策设计可以为社会工作参与“扶志扶智”的反贫困实践提供工作向导，指引社会工作的服务方向；农村社会工作机构的发展为社会工作参与“扶志扶智”的反贫困实践提供组织保障；专业人才培育可以为社会工作参与“扶志扶智”的反贫困实践提供服务保障。

一、加快完善顶层设计，为“扶志扶智”的反贫困实践指引方向

政府是我国社会工作快速发展的重要推动力量。自党的十六届六中全会提出“建设宏大的社会工作人才队伍”，到中央组织部、中央政法委、民政部等 18 个部门和组织联合发布的《关于加强社会工作专业人才队伍建设的意见》和国务院扶贫办、全国总工会、共青团中央、全国妇联、中国残联等 19 个部委和群团组织联合发布的《社会工作专业人才队伍建设中长期规划(2011—2020 年)》等纲领性文件的颁布，我国社会工作发展的顶层设计不断完善，是推进我国社会工作发展的根本保障，也为社会工作参与反贫困工作提供了明确指引。在政策的大力扶持和推动下，我国社会工作在专业发展、

制度建设、岗位开发、机构培育、人才培养等领域取得了长足的发展,并在反贫困、灾后救助、城乡社区治理、社会救助、心理健康、老年人、儿童、青少年等领域取得了积极成效。可以说,顶层设计是我国专业社会工作发展的基本经验之一。在“扶志扶智”的反贫困实践中,顶层设计为社会工作参与“扶志扶智”的反贫困实践提供了专业、合理的方案借鉴,使得社会工作参与“扶志扶智”的反贫困实践展现出突出的成效。但社会工作参与“扶志扶智”的服务还处于摸索的过程中,还未形成专项服务政策或专业服务指南来指导服务的规范性、标准性提供。

政府应加大对“精神贫困”“精神脱贫”的重视程度,进一步完善专项服务政策和专业服务指南的政策设计。政府可以充分吸纳专家、学者、社会工作机构、行业组织的智慧和力量,完善顶层设计,制作“扶志扶智”反贫困的工作指南,为社会工作介入“扶志扶智”提供工作规范导向。除此之外,在顶层设计中,政府还需要在现有政策的基础上,进一步标准化和规范化财政投入、人才培养、待遇保障、职业激励、服务标准等方面的工作,以引导社会工作走向贫困地区、贫困社区。基层政府应着力确保各项政策的落地,为社会工作介入脱贫攻坚、乡村振兴创造平台、机会,并做好评估反馈工作。此外,在顶层设计的基础之上,政府应与社会工作专家、学者团队一起,设计出社会工作参与“扶志扶智”服务的方案,并针对贫困人口的需求,将服务方案进一步明确与细化,为社会工作参与“扶志扶智”提供一定的指导。总之,在继续推进社会工作服务专业化、职业化建设的基础上,社会工作应借助顶层设计的指引与服务方案的落实,实现扶贫济困的制度化、规范化、科学化。

二、加强农村社会工作机构的发展，为“扶志扶智”的反贫困实践提供组织保障

加强农村专业化社会工作机构的建设和发展，是保障反贫困社会工作服务的质量和可持续发展的重要路径。只有农村社会工作机构得以建设与发展，“扶志扶智”的反贫困社会工作专业服务才能持续传递到贫困人口手中。农村社会工作机构的建设和发展主要集中在量和质两个层面：一是农村社会工作机构数量上的增长；二是农村社会工作机构管理能力和专业能力等的提升。

从量上来说，我国农村社会工作机构的发展严重滞后于城市社会工作机构的发展。我国社会工作的发展存在“先城市，后农村”的倾向，农村社会工作发展进程较为缓慢。这就导致县、乡两级社会工作机构数量有限。笔者建议社会工作机构由县向乡、村延伸，在每个乡设立一家专门的社会工作机构。机构设立的方式可以灵活多样，既可以采取公办的形式，又可以采用民办的形式，还可以是公办民助或是民办公助的形式。在社会工作机构发展初期，政府采用购买服务的方式扶持其发展，同时也鼓励机构积极争取和挖掘外部资源。在服务方式上，以项目式运作为主。在贫困县、贫困乡、贫困村开展“扶志扶智”的社会工作服务项目，充分发挥基层行政性社会工作者、专业性社会工作者、志愿者队伍的作用，整合多方力量实现贫困人口的脱贫致富。与此同时，农村社会工作机构的服务应向村级延伸，在村级设立社会工作服务站。如此，建构起农村社会工作的三级网络，真正将社会工作服务传递给每一个有需要的人。

从质上来说，农村社会工作机构的发展还处于起步和探索的阶段，不管是机构运行的管理能力，还是机构提供服务的专业能力，都有很大的提升空间。也就是说，农村社会工作机构本身还需要开展能力建设。具体如下：一是提升专业化服务水平。农村社会工作机构需要逐步建立并完善相关的服务规范，提升专业服务人员的服务能力，如形成服务提供的专业标准和督导培训工作机制，建立服务考核评估和专业人才培训制度等。二是形成有效的内部监管机制。农村社会工作机构需建立一套完整的内部监管制度，包括组织架构、规章制度、行政流程等方面，用以明确机构的服务宗旨和价值指引，进而规范机构和机构成员的行为。三是推进多元筹资机制的建立。农村社会工作机构在政府的扶持下，需要逐步独立发展，探索多元的筹资机制，推动机构的可持续发展。农村社会工作机构在发展初期主要依托政府购买服务项目，在农村地区探索性开展社会服务工作。在逐步发展的进程中，农村社会工作机构可以在加强自身建设的基础上，积极寻求与外界组织的合作，如国内外公益性组织等，从而获得更多的社会资助。四是增强机构专业服务人员的稳定性。农村社会工作机构普遍存在的困难是专业服务人员流动率高、流失率高、专业性弱等问题。有时一个服务项目的实施会先后由两三个社会工作者经手，这就导致社会工作者很多的时间都浪费在认识和熟悉服务对象上，而无法深层次地理解服务对象及持续性地推进服务项目。所以，农村社会工作机构需要建立起保障专业服务人员利益的制度和晋升机制，让他们感受到工作的价值，在工作中收获成就感和满足感，增强其对专业和职业的认同感，从而降低人员的流动率和流失率。

三、提升社会工作者的专业化水平，为“扶志扶智”的反贫困实践提供服务保障

目前，社会工作者在反贫困领域的专业化水平、工作能力及工作经验还有一定的局限性。社会工作者开展“扶志扶智”的反贫困实践的介入深度不够，社会工作者的知识技能、业务素质等欠佳，难以提供深入的“扶志扶智”反贫困服务。目前农村社会工作机构的社会工作者主要有三类：一是专业社会工作者，他们是通过学历教育培养出来的社会工作专业人才，熟知理论但缺乏实务经验；二是行政性的社会工作者，他们是实际在岗的政府或社区的工作人员，大多接受过短期的教育培训，但欠缺系统的知识训练，专业素质欠佳，只能为贫困人口开展部分思想教育与资源链接等工作；三是既无相关专业学习，也无相关从业经验，但在社会工作机构就职，想要在未来考取从业资格证书、从事专业社会工作服务的人员，他们大多从事一些基础的日常工作，无法为贫困人口提供专业服务。因此，社会工作参与“扶志扶智”，不单单要扶贫困人口的“志”“智”，还应该先扶社会工作者的“智”。首先，培养反贫困社会工作专业人才。中国社会工作专业院校，尤其是贫困地区的院校通过开设与“反贫困社会工作”相关的系统性课程，为贫困地区培养一批“懂农业、爱农村、爱农民”且系统掌握专业理念和实务知识的社会工作专业人才。① 其次，提升反贫困社会工作者的实务能力。《社会工作教育对口扶贫计划实施方案》提出，相关院校应“支持贫困地区社会工作实习实训基

① 马晓晗、向德平、顾东辉、张和清、向荣：《教育扶贫：贫困地区社会发展的智力支持之源》，载《中国社会工作》2018 年第 4 期。

地建设”,“配合基层社会工作服务站点建设”,建立“实务教学、行动研究和扶贫济困”三位一体的社会工作实训基地,提升反贫困社会工作者在开展“扶志扶智”工作方面的理论运用能力与实践能力,同时提升社区工作人员的理论知识,充分发挥社会工作在“扶志扶智”过程中的理论优势、专业优势与价值优势,以更深入、有效地做好“扶志扶智”的反贫困工作。

参 考 文 献

一、中文文献

(一) 著作类

[1] [美] 戴维·迈尔斯. 社会心理学[M]. 侯玉波,乐国安,张智勇,等译. 北京:人民邮电出版社,2016.

[2] [美] 菲利普·津巴多,[美] 罗伯特·约翰逊,[美] 薇薇安·麦卡恩. 津巴多普通心理学[M]. 邹智敏,肖莉婷,等译. 北京:机械工业出版社,2017.

[3] [美] 马尔科姆·吉利斯,[美] 德怀特·H·波金斯. 发展经济学[M]. 李荣昌,胡和立,译. 北京:经济科学出版社,1989.

[4] [美]英格尔斯. 人的现代化[M]. 殷陆君，译. 四川：四川人民出版社，1985.

[5] 范小建. 中国农村扶贫开发纲要（2011—2020 年）干部辅导读本[M]. 北京：中国财政经济出版社，2012.

[6] 顾东辉. 社会工作概论[M]. 上海：复旦大学出版社，2008.

[7] 刘梦. 小组工作[M]. 北京：高等教育出版社，2013.

[8] 何雪松. 社会工作理论[M]. 上海：上海人民出版社，2007.

[9] 文军. 西方社会工作理论[M]. 北京：高等教育出版社，2013.

[10] 王思斌. 社会工作概论[M]. 北京：高等教育出版社，2016.

[11] 许莉娅，童敏. 个案工作[M]. 北京：高等教育出版社，2013.

[12] 中共中央党史和文献研究院. 十八大以来重要文献选编（下）[M]. 北京：中央文献出版社，2018.

[13] 中共中央党史和文献研究院. 习近平扶贫论述摘编[M]. 北京：中央文献出版社，2018.

[14] 中共共中央文献研究室. 做焦裕禄式的县委书记[M]. 北京：中央文献出版社，2015.

（二）期刊类

[1] 安素霞，侯常兴. 社会工作破解“扶贫难扶志”困境的路径分析[J]. 邢台学院学报，2018(1)：78－80.

[2] 陈成文，姚晓，廖欢. 社会工作：实施精准扶贫的推进器[J]. 社会工作，2016(3)：10－16.

[3] 程承坪，邹迪. 新中国 70 年扶贫历程、特色、意义与挑战[J]. 当代经济

管理,2019(9):1-9.

[4] 程玲,向德平.能力视角下贫困人口内生动力的激发:基于农村反贫困社会工作的实践[J].中国社会工作研究,2018(2):115-139.

[5] 陈树强.社会工作的实质:历史的观点[J].中国青年政治学院学报,1994(4):54-59.

[6] 程胜利.论专业社会工作在城市反贫困中的作用[J].社会工作,2004(2):18-21.

[7] 程胜利.社会工作在城市反贫困中的作用及政策建议[J].社会,2004(9):25-27.

[8] 陈心颖.脱贫动力培育与扶志、扶智的协同[J].改革,2017(12):37-41.

[9] 陈莹.扶贫同扶志、扶智相结合的工作建议:以贫困心理学为视角[J].经济师,2018(7):30-31.

[10] 陈岩,宋国权."扶智"在精准扶贫中的长效作用及实践路径[J].中国市场,2019(5):49-50.

[11] 成元君.城市扶贫与社会工作的介入[J].学术交流,2007(9):132-135.

[12] 程肇基.精神扶贫:一个亟待关注的精准扶贫新领域[J].江西社会科学,2016(11):210-216.

[13] 戴爱萍.认知行为疗法的一例个案研究[J].社科纵横(新理论版),2008(1):211-212.

[14] 东波,南静静.社会工作"志智双扶"助力精准脱贫路径探微[J].怀化

学院学报，2019(3)：31－34.
[15] 东波.农村人文贫困与社会工作的介入[J].学术交流，2010(3)：118－121.
[16] 段洪波，张洪硕.改革开放40年扶贫开发历程与经验[J].河北大学学报(哲学社会科学版)，2019(2)：118－122.
[17] 邓靖.扶志扶智协同促进农户内生发展的现实困境及实践路径[J].中国经贸导刊(中)，2018(23)：27－29.
[18] 丁胜利，邓洪洁，吴刚.外源式扶贫背景下农户脱贫的内在动力研究[J].湖北经济学院学报，2017(5)：19－25.
[19] 范燕宁.社会工作专业的历史发展与基础价值理念[J].首都师范大学学报(社会科学版)，2004(1)：94－100.
[20] 公长伟，徐虹.人本主义心理学的人性观以及“个人中心”的现象学治疗取向[J].科技信息(学术研究)，2007(27)：385－386.
[21] 顾东辉.精准扶贫内涵与实务：社会工作视角的初步解读[J].社会工作，2016(5)：3－14.
[22] 高飞，向德平.专业社会工作参与精准扶贫的可能性与可及性[J].社会工作，2016(3)：17－24.
[23] 范家绪.优势视角下社会工作介入农村扶贫：契合性与路径选择[J].劳动保障世界，2017(12)：15－16.
[24] 龚利姣，雷大霞.精神扶贫的社会工作介入：助人自助视角[J].产业与科技论坛，2019，18(4)：8－11.
[25] 黄承伟.中国扶贫开发道路研究：评述与展望[J].中国农业大学学报

（社会科学版），2016(5)：5－17.

[26] 杭承政，胡鞍钢."精神贫困"现象的实质是个体失灵：来自行为科学的视角[J].国家行政学院学报，2017(4)：97－103.

[27] 何芳芳.以扶志、扶智推动贫困地区精准脱贫后可持续性发展的内生动力与实践路径研究：以宁夏西海固地区为例[J].黑河学刊，2019(2)：177－180.

[28] 胡光辉.扶贫先扶志扶贫必扶智：谈谈如何深入推进脱贫攻坚工作[J].今日海南，2017(2)：8－9.

[29] 贺海波.贫困文化与精准扶贫的一种实践困境：基于贵州望谟集中连片贫困地区村寨的实证调查[J].社会科学，2018(1)：75－88.

[30] 贺荣.强化扶志扶智　激活内生动力[J].行政管理改革，2018(8)：13－15.

[31] 胡勇.集中连片特困地区发展现状与贫困的根源探究：以武陵山区为例[J].湖南农业科学，2013(19)：126－129.

[32] 金昱彤.社会工作参与精准扶贫：从救助个案到改变系统[J].甘肃社会科学，2017(6)：165－170.

[33] 刘合光.精准扶贫与扶志、扶智的关联[J].改革，2017(12)：36－38.

[34] 罗观翠，王军芳.政府购买服务的香港经验和内地发展探讨[J].学习与实践，2008(9)：125－130.

[35] 李红波.当前社会工作介入我国反贫困的必要性分析[J].贵州社会科学，2011(12)：40－44.

[36] 李红飞，温谋富.社会工作者在精准扶贫中的角色定位：基于晋江市

特困家庭“四帮四扶”项目的分析[J]. 云南农业大学学报(社会科学)，2018(4)：1-4.
[37] 罗江月，唐丽霞. 扶贫瞄准方法与反思的国际研究成果[J]. 中国农业大学学报(社会科学版)，2014(4)：10-17.
[38] 李瑾瑜. 贫困文化的变革与农村教育的发展[J]. 教育理论与实践，1997(1)：47-49.
[39] 李军红. 创意乡村的路径及意义：基于朱家峪村实践的探索[J]. 广西民族大学学报(哲学社会科学版)，2015(6)：17-23.
[40] 林顺利，孟亚男. 嵌入与脱嵌：社会工作参与精准扶贫的理论与实践[J]. 甘肃社会科学，2018(3)：9-15.
[41] 李迎生，郭燕. 推动社会工作精准介入反贫困实践[J]. 中国人民大学学报，2018(5)：92-103.
[42] 李迎生，徐向文. 社会工作助力精准扶贫：功能定位与实践探索[J]. 学海，2016(4)：114-123.
[43] 刘勤. 社会政策：作为一种社会工作间接服务方式的探究[J]. 齐齐哈尔大学学报(哲学社会科学版)，2016(2)：1-3.
[44] 李潇，张红. 社会工作介入农村扶贫开发的可行性分析[J]. 新西部(理论版)，2015(24)：15.
[45] 罗艳萍. 试论社会工作在我国城市反贫困领域面对的任务[J]. 法制与社会，2006(18)：162-163.
[46] 马晓晗，向德平，顾东辉，等. 教育扶贫：贫困地区社会发展的智力支持之源[J]. 中国社会工作，2018(4)：21-22.

[47] 孙国杰.涵养“三气”扶贫扶志[J].新长征,2018(6):37.

[48] 宋圭武.精神扶贫意义及对策[J].甘肃农业,2018(9):23-26.

[49] 孙洪山,王瑞胜,张会师.精准扶贫:扶“智”是路径,扶“志”则是基石[J].中国农村教育,2016(4):31-32.

[50] 苏颂兴.青年“充权”理论与自我实现:2004 年海外青年研究的一个热点问题[J].青年研究,2005(1):1-7.

[51] 孙莹.社会工作者在我国城市反贫困中的使命和角色[J].华东理工大学学报(社会科学版),2005(1):29-34.

[52] 宋振玲,彭蕾.社会工作介入精准扶贫对策研究[J].法制与社会,2019(27):137-138.

[53] 唐钧.城市扶贫与可持续生计[J].江苏社会科学,2003(2):126-133.

[54] 唐丽霞.中国对国际减贫经验的借鉴[J].团结,2016(4):39-42.

[55] 童敏.社会工作的能力视角:一种以人为本的研究策略[J].马克思主义与现实,2008(1):114-118.

[56] 唐任伍.“扶智”“扶志”是精准脱贫的关键[J].中国人力资源社会保障,2018(12):50.

[57] 唐任伍.新时代乡村振兴战略的实施路径及策略[J].人民论坛·学术前沿,2018(3):26-33.

[58] 王尚银.精神贫困初探[J].贵州民族学院学报(哲学社会科学版),2000(1):114-116.

[59] 王思斌.社会工作新定义的时代特征[J].中国社会工作,2014(25):59.

[60] 王思斌.社会工作参与精准扶贫实践的点面结构[J].中国社会工作,

2019(16)：46.

[61] 王思斌.我国农村社会工作的综合性及其发展：兼论“大农村社会工作”[J].中国农业大学学报(社会科学版)，2017(3)：5－13.

[62] 王思斌.精准扶贫的社会工作参与：兼论实践型精准扶贫[J].社会工作，2016(3)：3－9.

[63] 王玉福.闫艳.改革开放40年扶贫开发：历程・成就・经验[J].理论导刊，2018(11)：4－9.

[64] 万远英，崔帅帅.精神扶贫：减贫反贫的根本：基于成都市扶贫开发工作的调研思考[J].安徽农业科学，2017(32)：252－255.

[65] 向德平，华汛子.改革开放四十年中国贫困治理的历程、经验与前瞻[J].新疆师范大学学报(哲学社会科学版)，2019(2)：59－69.

[66] 向德平，刘风.价值理性与工具理性的统一：社会扶贫主体参与贫困治理的策略[J].江苏社会科学，2018(2)：41－47.

[67] 向德平，姚霞.社会工作介入我国反贫困实践的空间与途径[J].教学与研究，2009(6)：22－26.

[68] 熊丽英.贫困文化和文化贫困[J].求索，2004(2)：133－135.

[69] 辛秋水.文化扶贫的发展过程和历史价值[J].福建论坛(人文社会科学版)，2010(3)：137－140.

[70] 向荣，陆德泉，陈韦帆.发展型社会工作对深化精准扶贫的助力策略分析[J].贵州民族大学学报(哲学社会科学版)，2018(3)：73－86.

[71] 徐志明.贫困农户内生动力不足与扶贫政策绩效：基于江苏省342个贫困农户的实证分析[J].农业经济，2013(1)：63－65.

[72] 余德华,麻朝晖.欠发达地区的精神贫困与精神脱贫思路探析[J].社会科学,2001(2):59-63.

[73] 叶浩生.人本主义心理学:后现代主义的挑战[J].华东师范大学学报(教育科学版),2008(4):55-60.

[74] 袁君刚.社会工作参与农村精准扶贫的比较优势探索[J].西北农林科技大学学报(社会科学版),2017(1):17-22.

[75] 阳盛益,黄淑贞.精准扶贫背景下"扶贫扶志扶智"的实践与启示[J].开发研究,2019(1):29-35.

[76] 岳天明,李林芳.民族村寨精准扶贫的社会工作借鉴:以甘肃文县T乡为例[J].中央民族大学学报(哲学社会科学版),2017(6):103-109.

[77] 姚霞.反贫困与社会工作的介入[J].社会工作(下半月·理论),2009(7):24-27.

[78] 张蓓.以扶志、扶智推进精准扶贫的内生动力与实践路径[J].改革,2017(12):41-44.

[79] 曾德琪.罗杰斯的人本主义教育思想探索[J].四川师范大学学报(社会科学版),2003(1):43-48.

[80] 郑广怀.伤残农民工:无法被赋权的群体[J].社会学研究,2005(3):99-118.

[81] 张和清.社会工作:通向能力建设的助人自助:以广州社工参与灾后恢复重建的行动为例[J].中山大学学报(社会科学版),2010(3):141-148.

[82] 张和清,杨锡聪,古学斌.优势视角下的农村社会工作:以能力建设和

资产建立为核心的农村社会工作实践模式[J]. 社会学研究，2008(6)：174－193.

[83] 张和清，闫红红，尚静. 社区为本的农村社会工作实务模式探索：国内外农村社会工作研究文献的综述[J]. 学海，2019(2)：79－86.

[84] 赵杰，刘尧，唐青生. 精准扶贫与扶志扶智的关系问题研究[J]. 农村经济与科技，2018(24)：172－176.

[85] 张琪. 打赢脱贫攻坚战必须扶志、扶智、扶质、扶制[J]. 求知，2019(6)：33－35.

[86] 张网成，常青. 社会工作在精准扶贫中的作用[J]. 社会治理，2017(1)：99－103.

[87] 赵曦. 1978～1998：中国向贫困挑战：三中全会以来中国反贫困的历程、模式与经验[J]. 贵州财经大学学报，1999(2)：30－36.

[88] 朱晓阳. 在参与式时代谈建构“性别主体”的困境[J]. 开放时代，2005(1)：140－148.

[89] 张跃平，徐凯. 深度贫困民族地区贫困特征及“扶志”与“扶智”的耦合机制建设：基于四川甘孜、凉山两州的调研思考[J]. 中南民族大学学报(人文社会科学版)，2019(5)：149－153.

二、外文文献

(一) 著作类

[1] Coadyn, Lehmann P. Theoretical Perspectives for Direct Social Work Practice: A Generalist-Eclectic Approach[M]. New York:

Springer Publishing Company, 2007.

[2] Flexner A. Is social work a profession? In Proceedings of the National Conference of Charities and Correction[M]. New York: Columbia University Press, 1915.

[3] Howe D A. Brief Introduction to Social Work Theory[M]. UK: Palgrave MacMillan, 2009.

[4] Lee, J A B. The Empowerment Approach to Social Work Practice: Building the Beloved Community (2nd ed.) [M]. New York: Columbia University Press, 2001.

[5] Saleebey D. The Strengths persepctive in social work practive[M]. Boston: Allyn and Bacon, 2006.

[6] Solomon B B. Black Empowerment: Scoail Work in Oppressed Communities[M]. New York: Columbia University Press, 1976.

(二) 期刊类

[1] Bandural. Self-efficacy: toword a unifying theory of behavioral chang[J]. Psychological Review, 1997(2).

[2] Goroff N. Humanism and social work paradoxes, problem, and promises[J]. Humanity &Society, 1982(4).

[3] Hasenfeld Y. Power in social work practice [J]. Yeheskel Hasenfeld, 1987(3).

[4] Lee J A B. The empowerment approach to social work practice[J]. Social work treatment: Interlocking theoretical approaches, 1996(4).

[5] Mcfaul F. David Howe, A brief introduction to social work theory [J]. Journal of Social Work, 2012(2).

[6] Payne B Keith. Conceptualizing control in social cognition: how executive functioning modulates the expression of automatic stereotyping[J]. Journal of personality and social psychology, 2005(4).

[7] Rappapon J. Studies in empowerment: Introduction to the issue[J]. Prevention in human services, 1984(2-3).

[8] Saleebey D. The strengths perspective in social work practice: extensions and cautions[J]. Social Work, 1996(3).

[9] Yeheskel Hasenfeld. Power in Social Work Practice[J]. Yeheskel Hasenfeld, 1987(3).

[10] Zimmerman M A. Psychological empowerment: issues and illustrations[J]. American journal of community psychology, 1995(5).

后　记

伴随着区域性整体脱贫攻坚战的全面胜利，我国进入后2020脱贫时代，脱贫地区贫困治理的复杂性、多样性和突变性，脱贫人口的迷茫性、对帮扶政策的依赖性和返贫致贫风险的复杂性，为社会工作参与贫困治理的服务能力、服务本领和服务现代化水平提出了更高的要求。社会工作兼具治疗、预防和发展的功能，不仅注重服务对象问题的治疗和解决，还注重恢复服务对象的功能和预防问题的出现，更注重服务对象的成长和发展，这对防止返贫致贫、提高反贫困工作成效具有十分重要的专业意义。社会工作的专业服务如何更好地实现贫困治理的前瞻预防、风险化解、差异帮扶和协同共振，为脱贫攻坚成果拓展同乡村振兴相衔接阶段的反贫困工作带来专业力量，需要进一步探索新途径、积累新经验。

本书为教育部人文社会科学研究规划基金项目“贫困人口内生动力培育的社会工作介入模式研究”（18YJA840002）的阶段性研究成果。本书的写作和出版得到了向德平教授的大力支持和悉心指导，没有向德平教授的支持，本书不能这么顺利地完成。感谢华中师范大学2017级的硕士研究生程垚瑞、赵松山和吴洁研，他们为本书的写作做了大量的资料收集工作。

由于“扶志扶智”理论和实践的研究尚在探索过程中，加之作者水平有限，因此书中难免存在一些不足之处甚至错讹，恳请读者批评指正。